Tucholsky   Wagner   Zola   Scott   Sydow   Freud   Schlegel
Turgenev   Wallace   Fonatne

Twain   Walther von der Vogelweide   Fouqué   Friedrich II. von Preußen
            Weber   Freiligrath   Frey
                                         Kant   Ernst
Fechner   Weiße Rose   von Fallersleben   Richthofen   Frommel
        Fichte
        Engels   Fielding   Hölderlin
Fehrs   Eichendorff   Tacitus   Dumas
        Faber   Flaubert
                                   Eliasberg   Ebner Eschenbach
Feuerbach Maximilian I. von Habsburg   Fock   Zweig
                    Ewald   Eliot   Vergil
        Goethe   Elisabeth von Österreich   London
Mendelssohn Balzac   Shakespeare   Ganghofer
                     Lichtenberg   Rathenau   Dostojewski
     Trackl   Stevenson   Doyle   Gjellerup
                      Tolstoi   Hambruch
Mommsen   Lenz   Hanrieder   Droste-Hülshoff
        Thoma   von Arnim
Dach   Verne   Hägele   Hauff   Humboldt
        Reuter
    Karrillon   Rousseau   Hagen   Hauptmann   Gautier
            Garschin   Defoe   Baudelaire
     Damaschke   Descartes   Hebbel
                                             Hegel   Kussmaul   Herder
Wolfram von Eschenbach   Dickens   Schopenhauer
     Bronner   Darwin   Melville   Grimm Jerome   Rilke   George
        Campe   Horváth   Aristoteles   Bebel   Proust
Bismarck   Vigny   Barlach   Voltaire   Federer   Herodot
                  Gengenbach   Heine
Storm   Casanova   Tersteegen   Gilm Grillparzer   Georgy
         Chamberlain Lessing   Langbein   Gryphius
Brentano   Lafontaine
Strachwitz   Claudius   Schiller   Schilling Kralik Iffland Sokrates
     Katharina II. von Rußland   Bellamy
                          Gerstäcker   Raabe   Gibbon   Tschechow
 Löns   Hesse   Hoffmann   Gogol   Wilde   Gleim   Vulpius
 Luther   Heym   Hofmannsthal   Morgenstern
     Roth   Heyse   Klopstock   Klee Hölty   Kleist   Goedicke
Luxemburg   Puschkin   Homer   Mörike
     Machiavelli   La Roche   Horaz   Musil
Navarra Aurel   Musset   Kierkegaard   Kraft   Kraus
                        Lamprecht   Kind   Moltke
Nestroy Marie de France   Kirchhoff Hugo
                        Laotse   Ipsen   Liebknecht
Nietzsche   Nansen   Ringelnatz
     von Ossietzky Marx   Lassalle   Gorki   Klett   Leibniz
                May   Irving
Petalozzi   vom Stein   Lawrence
     Platon   Pückler   Knigge
     Sachs   Poe   Michelangelo   Kock   Kafka
                                   Liebermann   Korolenko
        de Sade Praetorius   Mistral   Zetkin

Der Verlag tradition aus Hamburg veröffentlicht in der Reihe **TREDITION CLASSICS** Werke aus mehr als zwei Jahrtausenden. Diese waren zu einem Großteil vergriffen oder nur noch antiquarisch erhältlich.

Symbolfigur für **TREDITION CLASSICS** ist Johannes Gutenberg (1400 — 1468), der Erfinder des Buchdrucks mit Metalllettern und der Druckerpresse.

Mit der Buchreihe **TREDITION CLASSICS** verfolgt tradition das Ziel, tausende Klassiker der Weltliteratur verschiedener Sprachen wieder als gedruckte Bücher aufzulegen – und das weltweit!

Die Buchreihe dient zur Bewahrung der Literatur und Förderung der Kultur. Sie trägt so dazu bei, dass viele tausend Werke nicht in Vergessenheit geraten.

Das Buch der Ehe

Heinrich Lhotzky

Impressum

Autor: Heinrich Lhotzky
Umschlagkonzept: toepferschumann, Berlin

Verlag: tradition GmbH, Hamburg
ISBN: 978-3-8424-9165-6
Printed in Germany

Text der Originalausgabe

Heinrich Lhotzky

Das Buch der Ehe

ES GIBT KEINE GRÖSSERE
SELIGKEIT AUF ERDEN ALS
EINE EHE MIT ERKÄMPFTEM
GLÜCK. ES GIBT KEIN GLÜCK
UND KEINE SELIGKEIT /
DIE NICHT DEM LEID ABGE
RUNGEN WURDE

*

Meiner Silberbraut zugeeignet

Die Ehe heute

Was die Ehe heute ist, war sie nicht immer und wird sie nicht immer sein. Sie ändert Form und Wesen mit der Gesittung, und wir stehen in Übergangszeiten, wie alle Zeiten, die etwas werden wollen. Aber wir mehr als andere.

Die Ehe ist heute nicht immer das, was sie sein will. Es hat Zeiten gegeben, in denen waren die Menschen, wenn sie auch in ihrer Ehe gelegentlich nicht glücklich waren, doch mit ihren Anschauungen über die Ehe zufrieden. Unsere Empfindung von Glück hat sich vertieft, unsere Vorstellung von Ehe erst recht.

Dem jungen Geschlecht, das Ehen schließt und schließen will, soll diese Schrift gewidmet sein. Es ist berufen, an der weiteren Vertiefung ebenso wie an der Höhergestaltung der Ehe mitzuarbeiten. Und es wird daran arbeiten. Im Weltkrieg hat es seine herrliche Kraft und sein festes Wollen bewiesen. Es wird das Große im Innern fortsetzen, auf heiligem Boden.

Die Ehe ist ein heiliges Land. Alles Heilige erkennt man an seiner großen Einfachheit und daran, daß man es nicht durch Gedanken, sondern nur durch Erleben erfaßt.

Aus dem Erleben ist auch dieses Buch geschrieben, ausschließlich für Erlebende, denen es Fingerzeige für weiteres Erleben geben möchte. Nicht für Vorstellungsreihen. Indem wir unsere schlichten Erlebnisse machen, fördern wir die Sache, wenn auch ganz unbewußt. Blicken wir später auf unseren Weg zurück, werden wir des Fortschritts gewahr.

Unsere germanischen Urväter haben für das Eheverhältnis ein tiefes Wort gemünzt. Ehe heißt eigentlich êwe und ist mit ewig verwandt. Aber inzwischen ist das Wort Ewigkeit so vertieft worden, daß es nicht mehr für Ehe paßt. Denn Ehe ist eine Beziehung, die in der Zeit für die Zeit eingegangen wird. Unendlich darüber steht die Ewigkeit.

Ewige Geister freien nicht und lassen sich nicht freien. Sie haben kein Geschlecht, sie kennen nicht das Mein und das Dein, und ihre gesellschaftlichen Beziehungen ruhen ausschließlich auf ihrem innern Wahrheitsgehalt. Aber gerade die drei Dinge, die dort fehlen, sind bestimmend für die Ehe: Sie ist geschlechtliche, wirtschaftliche und gesellschaftliche Gemeinschaft. Sie ist aber berufen, weit mehr zu sein: eine innere Gemeinschaft freier gleichgestellter Geister, ein täglich erneutes Geschenk bewußter freier Liebe, die um ihrer selbst willen gibt und empfängt und keinen anderen Zwang anerkennt, als den sie sich selbst auferlegt.

Diese zarten Keime, die in der Ehe verborgen liegen, mit entwickeln zu helfen, ist die Aufgabe des heutigen Menschens. Wir wollen keinen Augenblick den Boden unserer heutigen Wirklichkeit unter den Füßen verlieren und die Sachen sehen, wie sie sind. Das soll uns aber nicht hindern, alle Ausblicke mit zu genießen, die unser heutiges Sein, unsere Ehe bietet.

Wer Berge besteigt, sorgt nicht nur für seine Lungen und die Bewegung seines Blutes. Er schätzt eigentlich mehr den weiten Ausblick für sein schönheitstrunkenes Auge. Auch die Ehe ist eine Höhenwanderung, eine steile und beschwerliche. Darum soll sie wenigstens der frohen Ausblicke nicht entbehren.

Vorwärts! lautet die Losung unserer heutigen Tage. Ohne Zweifel wird die Menschheit auch Schritte vorwärts tun. Noch hat sie einen weiten Weg vor sich. Das bezeugt nicht am wenigsten die Ehe heute.

Vor der Ehe

Das Du

Viele Welten durchwandelt der Mensch zu seiner Läuterung und Vorwärtsbildung. Es ist gar nicht undenkbar, daß er nach dieser Welt der groben Sinnlichkeit noch eine andere der feineren Sinnlichkeit durchlaufen müßte, denn schon hier liegen Welten an seinem Pfad.

Eine große unübersehbare Welt ist die Welt des Ich. Drei Jahre bedarf der Neugeborene, in sie einzutreten. So lange beschäftigt ihn unausgesetzt die sinnliche Erscheinung so gewaltig, daß er seines Ichs nicht bewußt wird, obgleich es immer da ist.

Zehn Jahre und mehr beherrscht ihn das Ich ausschließlich. Dann kommt ein Tag, an dem leuchtet blitzartig das Vorhandensein einer neuen, weit umfassenderen Welt auf. Das ist die unbeschreiblich große und herrliche Welt des Du.

Manchem offenbart sich nur ein Spältchen, das sich schnell wieder schließt. Er bleibt lebenslang in der Welt des Ich. Aber dem andern geht sie weit auf, eine neue Welt von unbeschreiblichem Glanze, von der er sich nimmer trennen kann.

Er darf das Du schauen, wie es Gott schaut, von der liebenswerten Seite. Ein anderes, ein schöneres Ich tritt ihm entgegen, und staunend betrachtet er das neue Wunder.

Bisher kannte er das Du nur als Nicht-Ich. Es kam als Mutter, als Vater, Bruder, Schwester oder sonst wer. Aber nun naht es ihm als etwas ganz Neues, unaussprechlich Großes.

Wer das Du gesehen hat, der hat endgültig die Schwelle der Kindheit überschritten. Ihm dämmert ein Wert, der dem Ich gleich ist, der wertvoller und liebenswerter ist als das Ich, dem das Ich dienen möchte und alle Kraft zu eigen geben.

Es ist ein Gottesblick, der dem Menschen aufgeht, den wir Liebe nennen. Wer überall in der Welt das Du sehen könnte, der würde ihm alle Kraft zu Füßen legen und ihm dienen, auch unter äußersten Schmerzen. Der wäre ein Gott. Mensch sein heißt, das Du beschränkt sehen, Gott sein, das Du unbeschränkt sehen. Sie sind beide wesensgleich, nur unterschieden in Größe.

Es hat sehr lange Zeit bedurft, bis in der Menschheit der Liebesblick für das Du aufging. Der junge Mensch muß auch diese Entwicklungsstufen der Menschheit für seine Person durchlaufen und in seinem Sein nachbilden. Er braucht rund anderthalb Jahrzehnte dazu. Wie lange mag die Menschheit dazu bedurft haben! Noch sehen wir als Menschheit das Du nicht richtig, wenigstens nicht in seinem vollen Umfange. Aber unser Blick hat sich im Laufe der Jahrtausende erweitert und erweitert sich immer noch. Daß der Andere als Mensch liebenswert ist, und daß wir erst richtig Menschen werden, wenn wir lieben lernen, das wissen heute noch längst nicht alle. Aber kein Zweifel ist, daß wir dieser Wahrheit entgegenreifen, und daß sich mit ihrem Besitz ungeahnte Herrlichkeit ausbreiten wird überall, wo Menschen sind.

Aber so viel ist heute erreicht, daß die Menschheit eine Ahnung hat von dem, was Liebe ist, und daß sie als Ganzes eingetreten ist in die Welt des Du.

Demnach muß jedes einzelne ihrer Glieder diesen Weg nachgehen, wir können heute nicht mehr von Ehe sprechen, wenn wir nicht ausgehen von der Liebe.

Lange hat die Ehe bestanden ohne Liebe, denn das Erleben der Liebe ist erst spät gekommen. Schon die Ehe selbst war ein großer Fortschritt. Zur Fortpflanzung bedarf die Menschheit der Ehe nicht. Es gibt heute noch Völker auf Erden, die die Ehe nicht kennen, ungezählte Millionen, die die Liebe nicht kennen. Aber dem Menschen, der unter uns die Schwelle der Kindheit überschritten hat, darf man von Ehe nicht sprechen ohne einzugehen auf die Welt des Du, der Liebe.

Das Du kommt zum ersten Male durchaus nicht jedem im andern Geschlecht entgegen. Vielleicht ist die Regel, daß es zuerst in Form der Freundschaft naht. Aber wem es aufgeht, dem ist's, als sähe er auf einmal etwas, was er vorher nie bemerkt hatte, etwas unbeschreiblich Reizvolles, ein anderes Ich, das ebenso wichtig und jedenfalls wertvoller ist als das eigene Ich, um das sich bisher alles Denken gesammelt hatte. Bei dem Schmelzen edlen Metalls kündet der sogenannte Silberblick das Ziel des Vorganges, bei dem jungen Menschen bekundet dieser Gottesblick auf das erste andere Ich die Reife zum Vollmenschen, der auf die Höhe der Zeit zu kommen hoffen darf.

Das Gute, Liebenswerte, Schätzenswerte im andern sehen, ist der Eintritt in die unendliche Gotteswelt des Du. Je weiter jemand darin fortschreitet, desto herrlicher wird sein Leben, desto größere Fortschritte macht sein Ich. Unser Lebensglück, unsere Freude hängt ausschließlich davon ab, wieviel wir von der Welt des Du sahen.

Diese neue Welt ist nicht leichter als die erste. Sie bringt die schwersten Enttäuschungen auf Schritt und Tritt mit sich. Viele werden dadurch so verschüchtert, daß sie ihren Eintritt verwünschen möchten und gehen an Verbitterung zugrunde. Aber wer sich nicht irre machen läßt durch das Bittere und Unzulängliche und immer weiter in die Welt des Du hineinschreitet, der kommt von Herrlichkeit zu Herrlichkeit. Die Liebe trägt in sich selbst ihren Gotteslohn.

Es ist gut, daß erst eine gewisse Reife dazu gehört, ehe der Mensch des Du gewahr werden darf, denn alle Herrlichkeit ist nur erträglich für den, der Schweres auf sich nehmen kann. Aber wenn wir von der Ehe heute reden wollen, dürfen wir von beidem nicht schweigen, weder von der Herrlichkeit noch von der Enttäuschung.

Unsere heutige Ehe ist als eine Frucht herausgewachsen aus der Erkenntnis des Du. Sie führt tief hinein in alle Herrlichkeit und alle Bitterkeit dieser Welt. Sie wird folglich alle diejenigen schwer unglücklich machen, die Enttäuschungen nicht zu tragen vermögen, und alle die unendlich beglücken, die den Gottesblick festhalten, der auf das Gute gerichtet ist und den Menschen daran erkennt, daß er seiner besten Seite inne wird.

Wer den Menschen zu kennen meint, wenn er seine Fehler erkannt, wird weder den Menschen noch die Ehe heute begreifen, aber wer das Gute sieht und das Böse übersieht, der ist fähig, das Du zu beurteilen und der Ehe heute gerecht zu werden.

Es ist ein sehr großer Augenblick, wenn der Mensch zum ersten Male den hohen Wert des andern Geistes liebend erfaßt. Mit solchen soll die Ehe heute besprochen werden, gleichviel ob sie in ihr oder vor ihr oder noch sehr fern von ihr stehen. Schon unsere heranwachsende Jugend hat Anspruch darauf, daß ihr kein Geheimnis unserer Zeit vorenthalten wird. Sie ist berufen, die Zeit einmal leitend vorwärts zu führen.

Das Ungleiche

Sehr oft habe ich aus Frauenmunde gehört, daß sie sich nicht genug wundern können, wie die Männer im allgemeinen ungeschickt seien in der Wahl ihrer Gattinnen. Sie haben recht. Wer richtig gewählt hat, verdankt das nicht seinem Scharfsinn und seiner Menschenkenntnis, sondern gewöhnlich einem wohlwollenden Zufall, der ihn freundlich leitete.

Wir sehen gerade, daß die wählerischsten Männer in der Regel die unglücklichste Wahl treffen. Würde es aber umgekehrt sein, wie manche Leute es auch wünschen, würden die Frauen wählen, so würden sie dieselben unbegreiflichen Fehler begehen.

Das hat seine tiefen Gründe. In der ganzen Natur zieht sich nicht das Gleiche, sondern das Ungleiche an. Es walten auch da bestimmte, wenn auch nicht fest geformte Gesetze. Nicht das Ungleiche an sich – denn es gibt Ungleichheiten, die sich in Ewigkeit nicht anziehen – sondern das Ungleiche, das im andern seine Ergänzung ahnt.

Alle Stoffe, bis ins kleinste Ur-Teilchen hinein, erscheinen wie auseinander getrieben durch eine Kraft und müssen sich nun anscheinend so lange suchen, bis sie einander wiedergefunden haben.

Den Gesetzen des Stoffes kann sich auch der Mensch nicht entziehen, denn er ist der königliche Vertreter des Stoffs auf diesem Stern. Daher sehen wir, wie Gegensätze gern zu ehelicher Gemeinschaft zusammentreten. Die allergrößte Ungleichheit aber ist Mann und Weib an sich.

Der Unterschied von Mann und Weib ist weit entfernt, nur ein geschlechtlicher zu sein. Bis in das letzte Denken hinein macht er sich bemerkbar. Je höher entwickelt die Geister sind, um so tiefgreifender wird der Unterschied zwischen männlich und weiblich.

Das Ungleiche strebt zu einander. Das ist ein wahrhaft göttliches Gesetz. Warum strebt es zu einander? Durch seine Vereinigung wird die Mannigfaltigkeit größer und wirkungsvoller. Denkbar größte Mannigfaltigkeit ist aber ein Grundgesetz der Natur. Darauf ruht die Vielheit der Erscheinung.

Andererseits bekunden die einander zustrebenden Gegensätze in geheimnisvoller Weisheit die innere Einheit des Ganzen. Die Einheit besteht darin, daß sich alle Gegensätze zum Zusammenklang vereinigen können und werden.

Die Ehe ist also in jeder Beziehung Auswirkung eines Naturgesetzes. Das Zusammenklingen zweier Gegensätze ist zugleich die unterste Stufe der Vereinheitlichung aller, des Alls.

Darum sollen wir wissen, daß die Ehe im allgemeinen kein Ausruhen sein wird und keine Behaglichkeit schlechthin. Bequemer lebt man ohne Ehe, und ohne sich viel um die Umwelt zu kümmern. Bequemer, aber auch unnützer. Nur wer mitarbeitet, kann sich auch mitfreuen.

Also wer in der goldenen Jugend steht, der soll nicht zur Ehe drängen. Sie bringt eine schwere Kette von Enttäuschungen. Enttäuschungen sind seelische Arbeitsleistungen. Sie müssen sein. Aber man sollte sie erst auf sich nehmen, wenn man ihnen voll gewachsen ist und seine größte körperliche Kraft gefunden hat. Dann aber auch mutig. Wer später nicht hindurchkommt, geht der Menschheit und oft genug sich selbst verloren.

Die Ehe bereitet sich vor in der jugendlichen Freundschaft innerhalb und außerhalb des gleichen Geschlechts. Fast alle Freundschaften verlaufen in Enttäuschungen, oft recht schwerer Art. Auch die Freundschaften unterliegen dem Gesetz, daß die Gegensätze zu einander streben, die wenigsten sind nur stark genug, sie zu überwinden. Daher zerbrechen die Freundschaften mit Durchschnittsmenschen.

Das schadet nichts. Wer sich durch Enttäuschungen entmutigen lassen wollte und mit Verbitterung auf die Menschheit blicken lernte, der würde unfähig, ein nützliches Glied der Menschenwelt zu sein. Sie sollen gerade anreizen, dem Rätsel Menschheit auf immer neue Weise zu begegnen, immer mehr die Fehler in der Annäherung zu vermeiden und sich immer aufs neue hineinzulieben in das große Ganze, das nur einen einzigen Weg der Rettung, der Erlösung, der Befreiung, des Vorwärts – nennt's wie ihr wollt – kennt, den Weg der selbstlosen Hingabe.

Man muß aus vielen verkrachten Freundschaften gelernt haben, eine Ehe in's Auge zu fassen und eine Ehe zu führen. Das schwere Lebenswerk geratet dann leichter.

Eine rechte Ehe ist das Schwerste, was im Leben gelingt. Alle anderen Arbeiten sind nicht so schwierig. Wir sehen viele Menschen Großes vollbringen und Erstaunliches leisten, nur rechte Ehen bringen wenige zustande. Sie bleiben meist in den Gegensätzen stecken.

Wenn es aber gelingt, so ist etwas unberechenbar Großes gelungen, ein größerer Menschheitsfortschritt erreicht, als die meisten sich nur vorzustellen vermögen.

Eine rechte Ehe ist ein wahrer Lebenshort und Lebensquell, der weithin seine Segensströme ausgießt. Sie ist eine Ahnung von der Erfüllung des rätselhaften Wortes: Friede auf Erden, ein Anfang von dem großen Lebensfrühling, auf den das All bewußt oder unbewußt wartet, ein Anfang der Lösung der schmerzlichen Spannung, in der alle Gegensätze auf Erden ihrer endlichen Befreiung entgegenharren.

Die Werbung

Einer der kühnsten Gedanken unserer Zeit ist, die Gleichstellung der Geschlechter in jeder Beziehung anzustreben. An sich gibt es keine größere Ungleichheit als Mann und Weib. Diese Ungleichheit hat die Natur gepflanzt. Nicht wir, nicht die Geschichte.

Wenn wir den Geschlechtern genau die gleiche Stellung, Berechtigung und Entwicklungsmöglichkeit einräumen, so wird die Wirkung sein, daß ihre Verschiedenheit um so größer wird. Unter gleichen Bedingungen die größte Mannigfaltigkeit zu erzeugen, ist das Bestreben der Natur, in der wir leben.

Wir können auch überall im Leben und in der Geschichte beobachten, daß die Ungleichheit der Geschlechter mit der steigenden Kultur immer größer wird. Niedrig stehende Völker gleichen sich innerhalb der Geschlechter weit mehr, als höher stehende. Die Körperformen, die Kraftleistungen, die Geschmacksrichtung, alles steht sich nahe. Mit der steigenden Entwickelung werden die Geschlechter in jeder Beziehung schärfer unterschieden.

Das zeigt schon die Entstehung des Körpers. Das letzte, was am ungeborenen Körper gebildet wird, ist der Geschlechtsunterschied. Ebenso sehen wir in den niedersten Naturformen noch Geschlechtslosigkeit, höhere Formen zeigen oft eine Doppelgeschlechtigkeit, noch höhere die scharfe Unterscheidung zwischen nur männlich und nur weiblich. Daraus folgt, daß mit der Weiterbildung der Unterschied immer größer werden muß.

Es ist auch sonst einzusehen. Je höher Geister stehen, desto stärker ist ihre Sonderheit ausgeprägt, je niederer, desto mehr Gleichheiten haben sie. Man denke sich beispielsweise die fünf Geister seines Volkes, die man für die größten hält, und stelle daneben fünf Papuas. Letztere wird man kaum von einander unterscheiden, erstere nie mit einander verwechseln. Das ist naturgemäß. Sollte die Natur jemals den einmal gebildeten und immer weiter unterschiedenen Geschlechtsunterschied beseitigen wollen?

Gleiche Rechte bedingen noch lange nicht gleiche Pflichten. Man wird nie einem Manne die Pflicht des Gebärens, noch einem Weibe die Pflicht des Zeugens zumuten können. Wenn wir also den Geschlechtern gleiche Rechte zubilligen, so werden sie einen ganz ungleichen Gebrauch davon machen. Es mag sein, daß sie anfangs miteinander in allerlei wirtschaftlichen Wettbewerb treten, der vielleicht recht lästig empfunden wird, aber im Laufe der Zeit wird eine freiwillige scharfe Arbeitsteilung eintreten in dem Sinne, daß die Auswirkungen der Geschlechter einander prachtvoll ergänzen.

Gleich sind die Geschlechter als gleichartige freie Geister. Man darf also für sie anstreben gleiche Freiheit, gleiche Wertschätzung, auch gleiche Besitzrechte und sonstige staatsbürgerliche Rechte. Sie werden sie aber ungleich ausüben und verwerten. Es wird sich ganz ohne gesetzliche Eingriffe eine Verteilung der Arbeit herausbilden, wo gleiche Erwerbsmöglichkeiten geboten werden.

Die auffallendste Ungleichheit der Geschlechter tritt ein im Zeichen der Liebe. Der Mann wird immer der werbende Teil sein müssen, das Weib der gewährende.

Damit ist das Weib nicht schlechter gestellt. Auch dem gewährenden Teil stehen genug Mittel zu Gebote, die Aufmerksamkeit auf sich zu lenken und den werbenden Teil zu leiten und zu beeinflussen.

Die Frau wirbt auch, aber anders. Am meisten zieht sie an durch ihre Zurückhaltung. Sie begibt sich ihrer wahren, geheimnisvollen Anziehungskraft, wenn sie sich vordrängen wollte. Je zurückhaltender ein Mädchen ist, desto eifriger wird der Mann werben.

Man soll immerhin den Geschlechtern freiesten, harmlosesten Verkehr zubilligen, man mag sie auch zusammen erziehen in öffentlichen Schulen oder Universitäten, es können ganz getrost altväterische Sitten einer heutigen freieren Regung Platz machen, aber auch in den letzten und freiesten Formen des Verkehrs der Geschlechter wird die Anziehungskraft für einander nur dann die gleiche bleiben, wenn der Mann wirbt, das Weib die Umworbene bleibt. Sobald dieses Verhältnis in falsch verstandenem Freiheitsdrange ins Schwanken kommt, wird die Anziehungskraft ungleich. Meistens zu Ungunsten der Frau.

Oder was klingt einem Weibe angenehmer in einer späteren Ehe, ob der Mann sagt: Du bist mir so lange nachgelaufen, daß mir nichts übrig blieb, als dich zu heiraten, oder: Ich habe dich errungen und ich bin stolz darauf.

*

Natürlich kommen viele Ehen nur durch das Vordrängen der Frau zustande. Viele werden auch anscheinend ganz glücklich. Aber etwas fehlt in ihnen allen, das rechte Verhältnis der beiden Geschlechter. Sie leiden alle an einer gewissen Naturwidrigkeit. Wenn sie glücklich werden, ruht das Glück nur darauf, daß dem Manne niemals die Augen aufgehen. Aber das Weib wird stets empfinden, daß ihm der eigentliche Mann fehlt.

Damit fehlt dem Glück aber sehr vieles. Denn das Weib verlangt nach einem rechten Manne. Schwäche widersteht dem Weibe von Grund der Seele, während sie den Mann oft gerade anzieht. Eine solche Frau muß dann ihrem Manne lebenslang mit mütterlichen Gefühlen nahen. Solche Ehen sind vielleicht sehr friedlich, aber das eigentliche menschliche Glück, die rechte Würze bleibt ihnen vorenthalten.

Eine Frau, die das alles auf sich nehmen will, mag's immerhin tun. Es gibt einmal Männer, die geheiratet werden müssen, wenn sie überhaupt zu einer Ehe gelangen sollen. Warum sollten sie nicht heiraten? Vielleicht wird in der Ehe noch etwas aus ihnen und werden allerhand verborgene Schönheiten ihres Lebens entdeckt.

Aber jede Frau, die einen solchen Mann heiratet, soll es auf eigene Verantwortung tun und wissen, daß sie die Zügel allein in die Hände zu nehmen und alle Verantwortung des Lebens allein zu tragen hat. Sie mag's tun, aber ohne jemanden zu fragen und ohne zu klagen, wenn sie's nicht hinausbringen kann. Ich habe solche Frauen kennen gelernt in allen Schichten der Bevölkerung und keine ohne Hochachtung ansehen können.

Aber etwas Herbes und etwas Wehmütiges liegt auf solchen Ehen. Männer ohne rechte Männlichkeit können nur geheiratet werden von Frauen ohne echte Weiblichkeit. Diese würden aber in vielen Fällen allein glücklicher werden.

*

Wie jemand wirbt, so ist er. Ein rechtes Werben muß unwiderstehlich sein für das Weib, eine Eroberung, der sie nicht ausweichen kann. Ich würde als Weib nie einem Manne gehören wollen, der erst lange herumfragt bei Schwestern und Basen oder auch Eltern, ob es ihm wohl gestattet werden würde, seine Werbung bei Fräulein Tochter zu beginnen.

Die Werbekraft der Frau ist nicht schwächer als die des Mannes, aber sie wirkt sich grundanders aus. Ihre Kraft liegt in Bewahrung der Sitte. Im ganzen ist der Mann der vorwärtsdrängende, das Weib der bewahrende und erhaltende Teil der Menschheit. Die Kraft des Mannes liegt darin, daß er neue Wege geht, die des Weibes, daß sie Erprobtes verteidigt.

Männern eignet eine überaus rohe Art, ein nicht ganz taktfestes Mädchen zu zertreten. Wo ihnen der Sieg leicht wird, sind sie stets zur Verachtung geneigt.

Der wahre Fortschritt der Menschen kann nur so zustande kommen, wenn diese beiden Urkräfte, Mann und Weib, sich ihrer Eigenart nach auswirken, der Mann vorwärtsdrängend und werbend, das Weib zurückhaltend und die Sitte bewahrend. Welches die Sitte ist, ist nicht so wichtig. Sie ändert sich mit den Zeiten.

Die Sitte ist ein stillschweigendes Übereinkommen der Völker und Zeiten, das durch wirtschaftliche Vorteile bedingt ist. Ihre Form wechselt mannigfach, sie selbst aber ist immer eine Großmacht, die niemand ungestraft verletzt, und die nur sehr schwer und nie ohne Schmerz zu verursachen in neue Bahnen gelenkt werden kann.

Wo Sittenlosigkeit wird, ist die Frau verantwortlich vor dem Manne. Es ist aber nicht alles Sittenlosigkeit, was gewisse Leute so heißen. Unsere Zeit, die ich für sittenreiner halte, als irgendeine vorher, wird deshalb sittenlos gescholten, weil sich offenbar eine neue Sitte bilden will, und ein großer Teil der verständigen Frauenwelt arbeitet gerade heute an ihrer Festigung.

Wenn ein Teil der Frauenwelt sich aufmacht, an neuer Sitte mitzuschaffen, dann ist's das sicherste Zeichen, daß alte Sitten sich überlebt haben und unaufhaltsam in neue Bahnen drängen. Daher haben wir heute die bemerkenswerte Erscheinung einer sogenannten modernen Frau, die im Gegensatz zur großen Menge der Frauenwelt, die die alte Sitte zu erhalten sucht, mit hellen Augen Neues und Vorteilhaftes anstrebt.

Diese weiterblickenden Frauen darf man nicht ohne weiteres der Verletzung der Weiblichkeit bezichtigen. Was sie innerlich drängt, ist gerade ihre Weiblichkeit, der sie neue Betätigungsmöglichkeiten schaffen wollen. Wären es allein Männer, die neue Sitten herausarbeiten wollen, so dürfte man diesen Erscheinungen sehr mißtrauisch gegenüberstehen. Je mehr das Weib sich beteiligt, auf desto größere innere Notwendigkeit des Neuen darf man schließen. Natürlich fehlt es nicht an allerlei Überstiegenheiten, wie alle Übergangszeiten sie zeitigen, aber diese verschwinden wunderbar schnell, sobald die neue Sitte herausgearbeitet ist. Durch unliebsame Nebenerscheinungen läßt der Weise sich nicht beirren.

Aber das ist ganz gewiß. Das große Vorwärts der Menschheit wird nicht dadurch gewährleistet, daß der Unterschied von Mann und Weib tunlichst vernichtet, sondern im Gegenteil vertieft wird, daß jeder Teil seine Eigenart zu höchster Vollendung ausbildet.

Dadurch allein legen wir auch den Grund zur wahren Ehe, die wir noch keineswegs haben. Aber was wir haben, wollen wir erhalten und weiterbilden. Dazu müssen beide Geschlechter, die gleich wertvoll und gleich beteiligt sind, in ihrer verschiedenen Weise mithelfen.

Wer soll heiraten?

Am besten ist's, wenn nur Männer heiraten und Frauen geheiratet werden. So wird's immer bleiben müssen. So will es die Natur, und die Natur ist Gottes.

Aber der Mann hat die Verpflichtung, nur dann zu werben, wenn er ernsthaft die Ehe will und die nötige körperliche Gesundheit und wirtschaftliche Kraft dazu hat. Also zunächst nur in den Jahren seiner körperlichen und wirtschaftlichen Vollreife.

Damit beginnt eine neue Zeit des Lebens. Die Jugend umwarb einander im Spiel. Die Geschlechter lernten sich kennen und werten. Aber dann folgt die Zeit der ernsten Entscheidung.

Es gehört die ganze Ehrenhaftigkeit des Mannes dazu, sie nicht früher durch sein Werben herbeiführen zu wollen, als bis er sie mit vollem Nachdruck verantworten kann. Ein Mädchen kann meist nicht die Lage des Werbers übersehen und beurteilen. Sie gewinnen und festlegen zu wollen, ehe die Lebensverhältnisse geordnet sind, ist frevelhafter Leichtsinn. Es gibt kaum etwas traurigeres als alternde Bräute.

Das Spiel der Jugend hat sein volles Recht. Aber nach dem Spiel muß ebenso der Ernst des Lebens zu seinem Rechte kommen, und man kann von jedem Manne verlangen, daß er diesen findet.

Man darf auch erwarten, daß jeder Mann selbst die Frau sucht, deren er bedarf. Nichts schrecklicher, als wenn man für einen Mann nach einer Frau die Welt aussuchen soll.

Es gibt zwar Leute, deren unausgesetztes Trachten ist, die ganze Welt mit einander zu verheiraten. Um jedes Mädchen und jeden Mann steht eine ganze Wolke von Vetteln beiderlei Geschlechts, die ihre Heiratsmöglichkeiten erwägen und ihre Blicke und Mienen belauern.

Manches ausgekernte Leben sucht sich dadurch Inhalt zu schaffen, daß es die blühende Jugend umschleicht und belauert, Fäden spinnt und Liebe stiftet. Die Kosten trägt die Jugend.

Gelegenheitsmacherei ist stets der Ausdruck einer schweren geistigen Dürftigkeit. Rechte Leute sind viel zu sehr durchdrungen vom Ernste und der Heiligkeit der Ehe und des Lebens. Sie fühlen die ganze Schwere der Verantwortung und werden die Heiratsfähige Jugend eher zurückhalten, als aufreizen. Rechte Leute werden verlangsamen, überlegen und nicht beschleunigen helfen, was ein Leben beseligen oder verderben kann.

Selbst ist der Mann. Er soll vor allem er selbst sein, wenn er die Gefährtin seines Lebens sucht.

Wen soll er suchen? Nur den Menschen im Weibe. Der Mensch ist nicht die Summe seiner Eigenschaften oder die Summe seiner Anschauungen, sondern das andere Ich, das ganze tiefste, innerste Sein des Andern. Nur der Mensch überdauert den Wechsel der Zeiten, alles andere ist nur sein Behang und Gewand und veraltet wie ein Gewand.

Wer den Menschen sucht, den wird weder ein Geldsack noch eine gepflegte Persönlichkeit reizen.

Geldbesitz ist namentlich heute eine der unsichersten Eigenschaften, und die anempfundene Gemütssteigerung und seelische Erhitzung, wie sie gepflegten Persönlichkeiten zu eignen pflegt, muß eigentlich über kurz oder lang einer gefunden Ernüchterung Platz machen, die um so kühler wird, je mehr ihre Überhitzung Kräfte verbraucht hat. Das gesteigerte Gefühlsleben ist so wenig der Mensch selbst, wie sein gesteigerter Geldbesitz. Wir wollen uns aber nicht mit Vergänglichkeiten belasten, sondern mit Unvergänglichem unser Vorwärts stärken.

Es ist die köstlichste und befreiendste Pflicht eines Mannes, sein Lebensgebäude selbst zu errichten. Er bedarf ein Weib, das es wohnlich gestaltet. Das kann sie nur, wenn sie ihn im Grunde versteht und als freier Mensch dem Menschen gegenübertritt.

Alles andere, was ein Mädchen mitbringt an körperlichen, wirtschaftlichen, schöngeistigen Vorzügen, ist so vollständig Nebensache, und etwas so unsicheres, daß es gegenüber dem Menschen gar nicht in Betracht kommt. Der Mensch und sein Wert ganz allein muß erwogen werden bei einer ernsthaften Werbung.

Wer Eigenschaften heiraten will, verheiratet sich ganz gewiß, denn der unerwünschten sind in der Regel mehr, als der erwünschten, und je verborgener sie sind, desto schwerer fallen sie später ins Gewicht.

Wer den Menschen zu ehelichen sucht, wird vor zwei Abwegen bewahrt bleiben, auf denen viele unglücklich werden, vor der Geldheirat und der sogenannten Liebesheirat, die eigentlich nur eine Verliebtenheirat ist. Beide bergen in sich ein fast sicheres Unglück. Denn die erste ist ein Verbrechen, die zweite eine Torheit.

Es gibt zwar eine Geldheirat, die von vornherein von beiden Teilen als reine Geschäftssache aufgefaßt und behandelt wird, und die keineswegs immer übel ausläuft. Sie ruht auf einer ehrlichen Wahrhaftigkeit, und es ist gar nicht unmöglich, daß solche aufrichtige Menschen, die von einander selbst eigentlich nichts erwarten, die angenehme Entdeckung machen, daß sie auch als Menschen wertvoll sind und in sich noch einen größeren Wert darstellen, als eine lange Ziffer.

Aber wo man nicht so ehrlich ist, begeht man ein Verbrechen.

Sobald ein Weib merkt, daß nicht der Eigenwert des Menschen in ihr, sondern nur ihr Besitz gemeint war, weiß sie sich zertreten, und ein enttäuschtes Weib neben sich zu haben, ist Hölle auf Erden. Die verdiente Hölle des Verbrechers. Oder, wenn umgekehrt einem alten Geldsack ein blühendes Mädchen geopfert wird, bleibt die Hölle für beide Teile auch nicht aus. Sie ist um so wehtuender, je heimlicher ihr Brennen gehalten werden muß.

*

Die Ehe ist ein gegenseitig dargebrachtes unbegrenztes Vertrauen in die Zuverlässigkeit des andern. Da wir nun alle mannigfachem Wechsel der Entwicklung in unserem Erdenleben unterliegen, so muß das Vertrauen nicht nur unserem augenblicklichen Sein entgegengebracht werden, sondern es ist auch ein Vertrauen in die Fähigkeit des andern, sich gleichmäßig mit uns weiterzubilden. Er soll nicht nur heute unser Freund und Genosse sein, sondern wir vertrauen ihm auch, daß er die Fähigkeit und Möglichkeit in sich birgt, es im Wechsel und Fortschritt des Lebens zu bleiben.

Daher muß der werbende Mann zwei ruhige, kühle Fragen über ein Mädchen stellen, ehe er sein Werben ernsthaft treibt.

Die erste Frage ist: passest du in meine Verhältnisse, vermagst du überhaupt mein Haus auszugestalten?

Nach einem alten weisen Spruche soll das Weib die Gehilfin des Mannes sein. Folglich muß sie fähig sein, sich seiner Arbeit und Lebensstellung so anzupassen, daß sie ihn fördert. Dann finden beide befriedigende Arbeit, und dann wird's recht, mag das Leben noch so viel Wechselfälle bringen. Ein gebildeter Mann kann ein ungebildetes Mädchen schlechthin nicht brauchen, auch wenn es noch so hübsch ist oder gar Geld mitbringt, und ein Bauer darf kein Stadtfräulein heiraten.

In diese Frage hat die sogenannte Liebe kein Wort hineinzusprechen. Denn die Liebe ist blind und macht blind, aber hier heißt es gerade die Augen recht weit öffnen.

Daß sich zwei junge Menschen wahnsinnig in einander verlieben, ist verständlich und verzeihlich, aber wenn sie heiraten wollen, ohne diese Frage gründlich erwogen zu haben, so ist's unverzeihlich. Denn diese Jugendliebe ist im Grunde kaum mehr als überhitztes Blut, das sich bald genug abkühlt, aber die Verhältnisse des Lebens bleiben und machen jeden unglücklich, der ihnen nicht gerecht wird.

Mag also die Verliebtheit noch so groß sein, kann man diese Frage nicht einfach bejahen, so muß die Heirat unterbleiben.

Oft genug hat man volles Vertrauen in das Einpassen des andern und irrt sich trotzdem. Das ist dann ein Unglück, wie es das Leben bringen kann. Aber, wenn man die Frage überhaupt nicht gestellt hat, ist's eine Torheit, die man mit einem verkrachten Leben bezahlen wird.

Wenn sich zwei einmal unglücklich verliebt haben, so schadet das gar nichts, falls sie nicht heiraten. Wer sich verliebt, der kann doch wenigstens lieben und ist starker Gefühle fähig. Das tut wohl. Niemand schäme sich einer starken Liebe. Ist sie aber übermächtig geworden, und darf man ihr nicht nachgeben, so reise man oder suche sich eine schwere Arbeit. Am besten beides.

Heil den heißen Herzen, die stark lieben können! Sie müssen aber noch stärker werden, als ihre Liebe und dürfen sie nicht durch eine unpassende Heirat verderben. Sie soll ausklingen in einem ernsten und entschiedenen Auseinandergehen und verklärt werden durch die Erinnerung, die schließlich zu der Einsicht kommt: Es war gut so, wenn es auch schwer war. Es ist, als wenn das Leben bersten wollte und nie mehr Freude bei uns wohnen sollte, aber gerade durch solche schmerzliche Wahrhaftigkeit wird ihr neuer Grund gelegt.

Es ist daher ganz erklärlich und richtig, daß die gleichen Stände wesentlich auf einander angewiesen sind bei der Eheschließung, weil die jungen Leute durch ihren Lebensgang für einander vorbereitet sind. Wem diese Grenzen aber zu eng gezogen erscheinen, der mag sich erinnern, daß wir in einer großen Zeit leben, in der die Standesgrenzen ungeheuer weite und außerordentlich fließende sind. Heute kann sich kaum jemand durch sie beengt fühlen.

*

Die zweite Frage, die der werbende Teil mit viel erbarmungsloser Kühle zu überlegen hat, ist diese, die viel zu wenig bedacht wird. Sie ist weit ernster als die erste und lautet: Kann ich's einmal vor meinen Kindern verantworten, daß ich dich zu ihrer Mutter machte?

Es ist geschichtliche Tatsache, daß unsere heutige Ehe, – ob mit Recht oder Unrecht bleibe hier unerörtert – die einzige Möglichkeit bietet, ebenbürtige Nachkommen zu gewinnen. Die Sehnsucht nach Kindern gehört zu den tiefsten Eigentümlichkeiten jedes Lebewesens.

Wenige Jahre nach der Eheschließung sieht der Mensch im allgemeinen das Werden seiner Kinder, nach etwa zwanzig Jahren steht er ihnen als wissenden gegenüber, nach dreißig Jahren werden sie ihn gerecht und unnachsichtig beurteilen. Kann ein Mann dieses doppelte Urteil, das schärfer ist als jedes weltliche Gericht, die Verantwortung vor sich selbst und vor seinen Kindern ertragen, dann mag er eine Ehe eingehen. Wenn nicht, muß er verzichten, mag die Liebe noch so groß sein. Die Heiraten bloß Verliebter sind eben Torheiten.

Man denkt gewöhnlich, eine Ehe betreffe zweier Menschen Wohl und Wehe. Das ist nicht wahr und ein verhängnisvoller Irrtum. Sie betrifft Wohl und Wehe aller folgenden Geschlechter bis ins dritte und vierte Glied. Wenn es für den kleinen Standesherrn eine Torheit ist, in eine bittere Armut hineinzuheiraten, so ist's für die große Majestät Mensch eine Torheit und Schlechtigkeit, ein Familienelend zu erheiraten, für das ihn noch die Enkel im Grabe verfluchen. Wer ein elendes Geschlecht erzeugt, richtet Unheil an bis ins dritte und vierte Glied.

Die gleiche Frage hat natürlich ebenso die Frau zu stellen betreffs des werbenden Mannes: Soll dieser der Vater werden für meine Kinder?

Ein erwachsenes Mädchen soll durchaus ein wissendes sein. Es muß alles wissen, was zur Mutterschaft gehört. Die gute alte Zeit war gewissenlos genug, Töchter zu verheiraten, die auch keinen Schimmer von geschlechtlichen Verhältnissen hatten. Es ist gut, daß sie der besseren neuen Zeit Platz macht.

Die zweite Frage ist vielfach eine Gesundheitsfrage. Wer Kindern das Leben geben will, muß vor allem sehen, daß es gesundes Leben sein kann. Es ist daher dringend zu wünschen, daß keine Ehe geschlossen wird, ohne daß von beiden Seiten der Arzt gefragt wird.

Wenn es Eltern von Töchtern namentlich schwer wird, dergleichen Gespräche zu beginnen und diese Forderung auszusprechen, so bietet sich ungezwungen als Anlaß der Vorschlag an den künftigen Schwiegersohn, eine Lebensversicherung abzuschließen und ihnen Einblick in den Befund des Arztes zu gestatten. Für den Mann ist es leichter, sich Einblick in den Zustand der Braut und ihrer Voreltern zu schaffen. Damit soll natürlich nicht gesagt sein, daß von dem Urteil einer Lebensversicherung eine Ehe abhängig gemacht werden soll. Aber sie dient dazu, die Sprache auf diese ernste Sache zu bringen.

Dem heutigen Menschen ist viel gegeben, also kann man auch viel fordern. Man kann fordern, daß er eine Ehe unterläßt, die vor diesen zwei Fragen nicht bestehen kann. Der Staat kann sie nicht stellen. Das ist gut. Aber um so schärfer soll das Gewissen des einzelnen die Fragen stellen. Vom Gewissen werden wir nie frei werden, im Gegenteil wird es immer empfindlicher werden, je mehr die Menschheit vorwärts schreitet. Es ist das Geistesgericht, dem allein der Mensch wirklich unterliegt.

Diese zwei Fragen, sie sind klar und so einfach, daß jeder heutige Mensch sie versteht, müssen entschieden sein vor dem Verlöbnis. Dann mag die Verlobungszeit beginnen.

Der Elternsegen.

Frühere Zeiten legten großen Wert darauf, daß die Eltern der jungen Leute ihre Verbindung segnen möchten. War das nur irgendein frommer Glaube, oder barg sich hinter dem Wort und Brauch etwas wirklich Wertvolles?

Was heißt Segen? Segen ist eine Gedankengröße. Wer mit all seinen guten Gedanken, seinem ganzen Ja hinter dem Tun eines andern steht, der segnet ihn, gleichviel, ob er Worte und Gebärden dafür findet oder nicht. Segnen ist kein Wortemachen, sondern ein Sein. Handelt sich's aber um eine Gedankenmacht, so ist's auch eine Großmacht, denn die Gedanken sind die beherrschende Macht dieser Welt. Es gibt nichts, von Menschen Erzeugtes schon gar nicht, aber überhaupt nichts, das nicht die Verkörperung eines Gedankens wäre. Gedanken sind die leitenden Mächte der Welt.

Also ist's nicht gleichgültig, ob fördernde, gütige, freundliche Gedanken um eine Sache herstehen, oder übelwollende und gleichgültige.

Die Alten hatten mit dem Betonen des Elternsegens mehr Recht, als ihnen vielleicht selbst deutlich war.

Eine Ehe ist das Erzeugnis eines doppelten Willens zweier Menschen. Es gäbe keine Ehe, wenn die zwei sie nicht vorher bedacht und beschlossen hätten. Diese Gedanken aber bedeuten eine entscheidende, tiefgreifende Gewalt über das ganze Leben zum Guten oder zum Bösen. So wichtig sind Gedanken.

Wenn nun die beiderseitigen Eltern segnend dazu stimmen, so sind vier Kräfte mehr vorhanden, die das Wagnis fördern und stützen. In solchem Falle kann's kaum fehlgehen. Der Segen der Eltern ist eine Lebensmacht um das kommende Geschlecht. Die Eheschließenden haben natürlich keine Ahnung, was ihr Entschluß für Eltern bedeutet. Das werden sie erst verstehen, wenn sie selbst Eltern sind. Ein erwachsenes Kind stellt in sich eine gewaltige Summe von Liebe und mühevoller Sorge und Arbeit dar, es ist die Verkörperung eines wichtigen Teils unserer Lebensarbeit. In dem Augenblick aber, wo es eine Ehe eingeht, tritt es aus unserem Leben heraus, um eine selbständige Abzweigung des Daseins zu sein.

Gibt man einen Sohn her, so hat man ihn ganz verloren. Er gehört fortan mehr zu der Familie der Frau als zu den eigenen Eltern. Der Mann verläßt Vater und Mutter und wird seinem Weibe anhangen. Man hat ihn also erzogen für fremde Leute.

Verheiratet man eine Tochter, so gewinnt man ja unter Umständen einen Sohn, aber das ganze Sein der Tochter gehört doch so dem Manne, daß die Eltern erst sehr in zweiter Linie kommen. So soll es sein.

Aber uns stand das Kind in erster Linie. Wir haben es mehr geliebt, als es uns je lieben wird. Ganz leicht ist's nicht, sich den Ordnungen der Natur und Gottes zu beugen.

Sieht man dann mit dem klareren Auge des Alters das unpassende und gefährliche einer Verbindung, so ist's gerade kein Wunder, wenn Eltern unter Umständen mit aller Gewalt dagegen sind und nicht segnen. Dann wäre sehr zu erwägen, ob die Heirat nicht besser unterbleibt.

Andrerseits, wenn die Eltern von beiden Seiten mit Freudigkeit dem werdenden Bunde zustimmen können, ist's für die jungen Leute eine sehr wesentliche Erleichterung. Es wird ein gewaltiger Kraftunterschied sein, ob eine Verbindung unter dem Elternsegen geschlossen wird oder nicht.

Ich habe in meinem ganzen Leben in allen Stücken das segnende Einvernehmen mit den Eltern, besonders der Mutter, als wesentliche Macht empfunden, deren Wert mir im Laufe der Jahre immer deutlicher wurde. Ich würde es nicht aussprechen, wenn es nicht vielleicht dazu dienen könnte, junge Leute auf den Wert solchen Segens, zumal in der entscheidungsvollsten Zeit des Lebens, hinzuweisen. Es kommt hier kein Aberglaube, sondern sehr einfache Naturgesetzlichkeit zur Geltung.

Wenn Eltern mit ihrem vollen Ja dahinterstehen, so hat das Wagnis den prüfenden kühlen Blicken des Alters standgehalten und schließt schon eine gewisse Vertrauenswürdigkeit ein.

Freilich muß andrerseits auch gesagt werden: um segnen zu können, muß man einen Segen haben. Nicht alle Eltern können segnen. Es gibt Häuser, deren ganzer Bereich so durchsetzt ist von Unstimmigkeit, Ärgerlichkeit und Übelwollen, daß sie wirklich wie ein Vorwerk der Hölle aussehen. Wenn in solchem Durcheinander Kinder aufwachsen – und wie viele müssen es tun! – so ist jede Lösung von solchem Elternhause ein erleichterndes Aufatmen. Die gründlichste Lösung ist aber eine Eheschließung, weil sie allein dem elterlichen Bannkreise entzieht.

Dazu gibts Eltern, die noch im Unverstande der alten Zeit stehen und die Kinder als ihr unbestrittenes Eigentum betrachten, die jede selbständige Regung der Kinder in kleinlichster Weise zu hintertreiben suchen und namentlich geneigt sind, durch Vermögensentziehung und ähnliche Mittel den Kindern in ihren selbständigen Schritten Schwierigkeiten zu bereiten.

Segnen ist eine Macht im Geiste. Wer aber mit Geld und ähnlichen Schwierigkeiten zu wirken trachtet, bezeugt, daß er keine Kraft im Geiste hat, also auch keinen Segen vergeben kann. Ob solche minderwertigen Leute zustimmend oder ablehnend hinter Kindern stehen, dürfte für das Leben der Kinder belanglos sein.

Elternsegen ist keine Zaubermacht, die als solche wirken könnte. Sie wird zunehmen, im Maße, als Kinder in der Freiheit und Achtung ihres Eigenseins mit selbstloser Liebe erzogen werden. In diesem Falle dürfte allerdings auch die Verweigerung des Elternsegens einen Fluch bedeuten. Eltern, die trotz ihrer Ehrfurcht vor der Freiheit der Kinder Ursache finden, sich einem Vornehmen zu widersetzen, dürften ein sicheres Urteil haben, daß die Kinder im Begriff sind, eine zerstörende Torheit zu beginnen. Solchen Eltern sollte man lieber nachgeben.

Junge Leute werden sehr ernst zu erwägen haben, was in ihrem Sonderfalle der Elternsegen zu bedeuten hat. Sie sind reif genug, seinen Wert oder Unwert zu ermessen, und Eltern werden bei der Eheschließung ihrer Kinder im allgemeinen ernten, was sie in mehr als zwei Jahrzehnten gesät haben.

Kirche oder Standesamt?

Natürlich Standesamt. Das verlangt der Staat so und weiß seinem Verlangen Nachdruck zu verleihen. Wir haben heute keine Idealehe, sondern eine Zwangsehe. Es ist gut, daß jeder sich das deutlich macht.

Eine andere Frage ist die, ob die staatliche Zwangsehe auch noch religiös verfestigt werden soll.

Es gibt Menschen, die protzen mit religiöser Widerspenstigkeit und meinen, sie müßten bei jeder Gelegenheit, besonders auch bei der Trauung, ihre Mißachtung geistlicher Gewalt an den Tag legen. Alle diese verstehen die Sachen nur halb, sind auch meistens nur halb gebildet. Über dieses Gebaren können die Religionen getrost lächeln.

Religionen werden nur auf eine Weise wirksam lahmgelegt, daß man etwas besseres an ihre Stelle setzt. Das merkwürdigste Beispiel im rechten Verhalten zu Religionen hat Jesus gegeben. Er stand himmelhoch über ihnen und sah ihre ganze Gottlosigkeit klar und deutlich. Er lehrte, daß der Mensch als Mensch sich ohne weiteres überall erhebe und in der Unmittelbarkeit Gottes sprechen dürfe: »Lieber Vater im Himmel.« Das sei der wahre Gottesdienst. Oder das Brot gebrochen vom Hausvater im Namen Gottes und der Wein gesegnet und getrunken zur Ehre des Vaters, mit einem Worte, den Leib erbaut durch Essen und Trinken für Gott, das sei der höchste Gottesdienst.

Aber so sehr er sich mit dieser heiligen Einfachheit über all das religiöse Drum und Dran seiner Zeit erhob, nahm doch derselbe Jesus an den Opferfesten teil, predigte in ihren Kirchen, erfüllte ihre Gesetze, soweit sie nicht gar zu unvernünftig waren, und pflanzte nur durch sein ganzes Sein das Bessere dahin, wo äußerlicher Religionsdienst bisher unbeschränkt regiert hatte.

Dieses Andere, Neue, wahrhaft Wertvolle nannte er Reich Gottes. Da verging freilich den Religionen das Lächeln. Nicht weil Jesus sie abschaffte, sondern weil er sie erfüllte, weil sie fühlten, daß er sie in all seiner Schlichtheit weit überbot. Wir haben auch heute keinen anderen Weg gegenüber geistlichen Gewalten, als den Jesusweg.

Es handelt sich hier nicht um ein Glaubensbekenntnis, sondern um eine sehr einfache Erwägung des wirklichen heutigen Lebens. Die Leute mögen über Jesus selbst denken, wie sie wollen, in einem Stücke sind heute alle Parteien und Richtungen, sogar alle Gottesleugner einig, daß Jesus eine Erscheinung in der Menschenwelt war, die durch ihre geradezu überwältigende Einfachheit uns gezeigt hat, was ein richtiger Mensch ist. Er dachte ja nicht daran, Religionsstifter zu sein, war's auch nie, sondern er war die Darstellung des wahren Menschen, und da man einen wahren Menschen sowohl unter den Zeitgenossen, als in der Geschichte der Vorfahren so schwer findet, darum ist er so auffallend und ansprechend zugleich. Denn der wahre Mensch ist zugleich der Herrschaftsbereich Gottes.

Namentlich dem heutigen Menschen dämmert diese Erkenntnis auf. Wir können uns innerlich mit allen religiösen Erscheinungen unserer Zeit unverworren halten und uns als Menschen frei halten für Gott, den Vater aller Menschen. Um so leichter wird es uns, uns auch kirchlich trauen zu lassen, auch wenn wir religiös auf keine Zeiterscheinung festgelegt sind.

Indem wir überhaupt Ehen eingehen, gehorchen wir der Sitte, der geschichtlich gewordenen. Also ist es recht und billig, daß wir auch bei der Eheschließung die Sitte wahren, die uns neben dem Standesamt an irgendeine Religionsgesellschaft weist.

Etwas anderes ist's natürlich, wenn die religiösen Gewalten unberechtigte Schwierigkeiten und Umstände machen. Geht das Widerstreben von ihnen aus, so sind wir die Lächelnden und werden auch ohne sie gut fertig. Aber von uns, den Kindern der neuen Zeit, soll es nicht ausgehen.

Widerspenstigkeit bekundet immer eine gewisse Dürftigkeit. Wer reich ist im Geiste, hat's leicht nachzugeben. Darum wird vorläufig die Regel sein: Standesamt *und* Kirche.

Wird es einmal Sitte werden, ohne Kirche auszukommen, so wird's auch ohne Standesamt zu einer rechten Eheschließung kommen. Bis dahin ist aber noch ein weiter Weg.

Die Verlobungszeit.

Hauptsache an der Verlobungszeit ist, daß sie so kurz wie möglich bemessen sei. Es gibt kaum eine schwerere Zeit im Leben, denn es ist eine Zeit unendlichen, unbefriedigten Entbehrens. Die oft unverstandene, aber um so tiefere Sehnsucht nach einander wirkt außerordentlich schädigend auf das ganze Leibes- und Gemütsleben der Menschen.

Wozu besteht überhaupt die Verlobungszeit? Viele können nicht heiraten, weil sie noch keine Lebensstellung haben. Ja aber dann verlobt euch nicht. Es ist Unrecht, wenn ein Mann wirbt, ehe er das Recht erworben hat, ein Weib heimzuführen.

Viele junge Männer sagen, sie könnten treuer arbeiten und würden vor Abwegen bewahrt durch die Liebe zu einer Braut.

Wenn ihr solche Schwächlinge seid, daß ihr euch nicht selber halten könnt, welches Mädchen soll sich euch dann einmal anvertrauen? Ihr sollt einmal leiten, führen, schützen, wie könnt ihr das, wenn ihr ohne ein führendes Mädchen nicht auskommt? Die sich durch Bräute vor Abwegen bewahren lassen, tun es in der Regel nicht durch ihre Ehefrauen. Und mit euren vorzeitigen Verlobungen dachtet ihr nur an euch selbst.

Es hat niemand das Recht, ein Mädchen für sich festlegen zu wollen, bis er gelegene Zeit hat, zu heiraten. Ein solcher denkt nur an sich. Liebe heißt, das Gute des andern suchen. Ein Mädchen soll frei sein und sich als freies Weib geben, wem sie will, und wann sie will. Es ist schweres Unrecht, ihre Freiheit zu beschneiden.

Und merket eines. Es ist selten ein Glück, wenn eine Ehe zustande kommt, aber fast nie ein Unglück, wenn sie unterbleibt.

Also wer nicht schnell heiraten kann, soll sich auch nicht verloben. Aber es gibt besondere Zustände. Junge Menschen fangen leicht Feuer. Allen Menschen mit heißen Trieben geht's so. Oft, ehe sie nur denken konnten, haben sie sich geküßt und waren »ewig Dein«. Sie erlebten auch eine selige Ewigkeit. Ewigkeit kennt keine

Zeit. Da gibt's kein lang, kein kurz, nur ein seliges Sein, das unvergeßlich und unverwelklich ist.

Solche Erlebnisse bringen etwas Befreiendes, Klärendes in's Leben, auch wenn sie nicht nach dem Uhrwerk einer kühlen Sitte schlagen. Man soll sie nicht suchen, aber noch weniger verachten und verfolgen.

Wer aber in solches Erleben kommt, soll keine Knechtschaft dran schließen. Könnt ihr euch nicht ohne weiteres heiraten, dann verlobt euch auch nicht, sondern gebt euch ganz frei und trennt euch zugleich mit dem Dank der Liebe und tragt das Erlebnis als Erinnerung weiter, über die zu reden jedes Wort unheilig ist.

Es ist sehr gut möglich, daß in eurer Freiheit das Erlebnis so nachwirkt, daß ihr beide von dem Großen nicht loskommt. Heil euch, wenn es sich so fügt, daß ihr euch später für's ganze Leben findet! Fügt sich's aber nicht, mag jedes seinen Weg gehen, aber frei in allen seinen Entschließungen. Wenn Liebe etwas Göttliches ist, muß sie befreiend, nicht bindend wirken.

*

Es ist wirklich keine Ursache zu einer langen Verlobungszeit. Sie hindert namentlich den jungen Mann in seinem Werden. Bei jeder Entschließung muß Rücksicht genommen werden auf die Familie der Braut. Eine lange Verlobung aufrecht zu halten, erfordert allein eine Manneskraft. Diese braucht er aber sehr nötig zum Werden.

Manche Leute behaupten heute noch, die Verlobungszeit sei doch recht gut, daß sich die Jugend besser kennen lerne und nochmals überlege. Das ist Geschwätz, das nicht mehr in unsere Zeit paßt.

Überlegen sollen sie gerade vorher, und kennen lernt man sich doch nicht als Braut und Bräutigam! Woher denn? Aus dem Briefeschreiben etwa? Nichts ist so unwahr, wie ein Briefwechsel, bei dem das Gemüt beteiligt ist. Es gibt sich jedes ganz und ehrlich, aber wer beherrscht so das Wort und den Wechsel von Stunde und Stimmung, daß er sich so geben kann, daß der Andere seine Wirklichkeit versteht! Oder lernt man sich etwa kennen aus Küssen und Umarmungen? –

Ich schlage vor, man sollte sich vorher kennen lernen, ehe man sich verlobt. Wir müssen der Jugend einen freien, ungezwungenen Verkehr zubilligen, der bei Wahrung aller guten Sitte eingehend genug sein darf, ohne daß eine Verlobung darauf zu folgen brauchte. Gemeinsame Erziehung, gemeinsame Spiele haben darin schon viel gebessert und werden weiter helfen, daß die Jugend sich unbefangen und frei kennen lernen kann.

Würde sich doch an solchen Verkehr üble Nachrede und Schwatzhaftigkeit verständnisloser Leute hängen, so würde ich als Jugend lieber diese Unbequemlichkeit auf mich nehmen, die ohnehin jeden ordentlichen Menschen verfolgt, als eine vorzeitige Verlobung. Sie ist eine Gebundenheit, die nur berechtigt ist, wenn sie bald in eine Eheschließung übergehen kann.

*

Ein wichtiger Grund für die Ausdehnung der Verlobungszeit, für viele wahrscheinlich der wichtigste, ist die Aussteuer der Braut. Aber wir leben in einer Zeit, wo man an Dinge nicht viel persönliches Leben hängen darf. Es mag sein, daß damit viel Duft des Lebens abgewischt ist, aber wir haben auch höhere Aufgaben, als bloß solchen Kleinkram zu besorgen, und ihre Erfüllung entschädigt uns reichlich für manches verloren gegangene Gefühlswerk.

Die Verlobungszeit sollte sein ein letztes Besinnen und Atemholen vor dem großen Naturgeschehen, das unser ganzes Sein umgestaltet. Darum muß es ein Kräftesammeln, nicht ein Kräftezerstreuen sein. Und kurz! Es ist der letzte Stillstand vor einem Vorwärts, von dem es kein Zurück gibt.

Ein heutiges Mädchen, das sich verlobt, also sehr bald heiraten wird, muß eigentlich so weit sein, daß man ihr statt der Aussteuer einen Scheck einhändigt, mit dem sie dann alles besorgen kann, was sie für nötig hält. Sie mag dabei zu Rate ziehen, wen sie für nötig befindet.

In der Ehe

Das Wagnis des Lebens

Niemand, der eine Ehe schließt, soll glauben, daß er dadurch glücklich wird, aber jeder soll wissen, daß er sein Leben auf's Spiel setzt.

Das größte Wagnis, das jemand im Leben unternimmt, ist die Ehe, denn keines hat so nachhaltige Folgen. Der Hochzeitstag ist der Tag, der uns erhöhen oder stürzen kann, und zwar beide, den Mann ebenso wie das Weib. Von ihm geht eine Entwicklung aus, die aus uns zweierlei herausarbeiten kann, das Geistwesen oder die Bestie.

Darum mag man zittern und sich besinnen davor. In jedem Falle aber darf man nur mit ganzer voller Kraft in die Ehe gehen.

Das Weib gibt sich mit Leib und Leben in die Hand des Einzigen, dem es unbedingt vertraut. Es bricht alle Brücken hinter sich ab und stürzt sich in einen Abgrund von Leben, von Liebe, aus dem es kein Zurück gibt.

Daß man Menschen so rückhaltlos vertrauen kann, ist etwas ganz Gewaltiges. Allen Menschen haften mehr oder minder große Schwächen an, aber es gibt Menschen, die sich einander bedingungslos anvertrauen. Das sagt uns immer wieder mit nicht mißzuverstehender Deutlichkeit, daß wir dennoch etwas Heiliges und Herrliches sind.

Wenn Brautleute aneinander glauben, weil sie sich lieb haben, warum sollte Gott nicht an uns glauben? Welchen Grund gibt's wohl, daß solcher Glaube an den Menschen nicht endlich sollte gerechtfertigt werden!

Zunächst freilich birgt die Hingabe des Weibes den Keim zu schwerer Enttäuschung, die in mancherlei Form gewiß nicht ausbleiben wird. Dennoch ist sie da und wird immer wieder da sein, so lange es Menschen gibt, in einem Vertrauen, das alles hinter sich läßt und das Weib mit heiliger Naturgewalt an die Seite des Mannes treibt, dem es sein Leben anvertraut.

Aber der Mann wagt nicht weniger. Für ihn ist eine Eheschließung noch mehr als für das Weib ein Verlassen alter Beziehungen und ein Eingehen in den Lebenskreis eines Weibes und ihrer Familie.

Damit stellt er sein ganzes Geschick in Frage. Wer eine unpassende Frau heiratet, hat damit auch seinen Beruf verfehlt, selbst wenn er von Hause aus noch so tüchtig für ihn wäre. Ein Weib kann den Mann beruflich und gesellschaftlich ganz unmöglich machen, kann die wertvollsten Verbindungen zur Lösung bringen, sein ganzes Leben zerstören und einen Mann so entleeren, daß er nur noch Gegenstand des Mitleidens bleibt. Das ist das Schlimmste, was einem Mann widerfahren kann. Ein Weib wird durch Mitleid gehalten, ein Mann vernichtet.

Darum ist es von so entscheidender Wichtigkeit, daß vor der Verlobung die zwei großen und ernsten Fragen gestellt werden: Passest du in meine Verhältnisse? und: Kann ich's verantworten, dich zur Mutter, zum Vater meiner Kinder zu machen?

Das sind kühle Verstandesfragen, aber sie müssen gestellt werden, wenn überhaupt für die Ehe ein Boden geschaffen werden soll. Wer ohne Verstand geheiratet hat, darf sich nicht wundern, wenn das Leben ihn niemals verstand.

Es ist ja keineswegs ausgeschlossen, daß die Fragen ernsthaft erwogen und dennoch falsch beantwortet wurden. Wenn wir heiraten, sind unsere Augen noch geblendet von jugendlicher Schönmalerei und können gar nicht klar sehen, sollen nicht einmal. Außerdem ist das Leben selbst eine große Unbekannte. Wir kennen allenfalls den Augenblick, in dem wir uns verbinden, wir kennen aber nicht die Zeiten, die diesem Augenblicke folgen werden. Dennoch stellen wir einander einen Wechsel für die ganze Zukunft aus, einen Wechsel, der dem höchsten Werte gleichkommt, den wir überhaupt zu vergeben haben, unserem Leben.

Es folgt eigentlich schon aus dieser Gestaltung der Umstände, daß das Glück in der Ehe nicht gerade die Regel sein wird.

Man sagt zuweilen, es gäbe eine Gewähr des ehelichen Glückes, wenn die Grundanschauungen der jungen Leute die gleichen seien, wenn ein Glaube sie verbinde und dergleichen.

Das ist ein Irrtum. Es gibt überhaupt keine einzige Gewähr für die Zukunft. Was aber die Ansichten und Gedankenbahnen der

Menschen anlangt, so sind sie ein Besitz, der ebenso dem Wechsel unterworfen ist, wie ihre Gewänder. Nur tote Menschen behalten die gleichen Anschauungen. Tote können aber nicht glücklich sein. Werdende, lebendige Menschen werden ihr gesamtes Innenleben immer mehr erweitern und vertiefen. Da wird beständig abgebrochen und zugeführt. Die Anschauungen unterliegen beständiger Veränderung.

Die einzige Möglichkeit einer gleichmäßigen Entwicklung beider Eheleute ruht auf dem einzigartigen ehelichen Zusammenleben, das so tiefgreifend ist, daß die beiden Geister einander beeinflussen müssen. Aber niemals können wir der Möglichkeit vorbeugen, daß sie sich in verschiedener Richtung entwickeln. Das geschieht schon, wenn eins stehen bleibt und das andere vorwärts schreitet. Wir dürfen nicht einmal unsere Werdemöglichlleiten, wie sie auch sein mögen, unterbinden.

Das Eigenartige der Ehe ist von vornherein, daß nur ein Mann und ein Weib sie führen kann, also grundverschiedene Geister, deren Geisteswege immer andersgeartet sein werden. Es gibt keine Gewähr, daß sie immer gegenseitig beglückende Ergänzung sein werden.

Aber das tiefe Vertrauen glaubt an den andern. Wenn alles dem Wechsel unterworfen ist, bleibt doch der Mensch. Wer der Mensch ist, bleibt undurchdringliches Geheimnis. Aber Eheleute ahnen und fühlen einander durch. Dieses Ahnen des Andern ist ein Abglanz der Seligkeit. Im Unbewußten liegt oft das größere Glück als im Bewußten.

Und nach eins. Das Glück, das auf's Spiel gesetzt wird, ist das Glück zweier Menschenleben. In der Ehe gibt's kein einseitiges Glück. Es können nur beide glücklich oder beide unglücklich werden.

Ich kannte einmal einen sehr guten, aber sehr eitlen Mann, der sich nach langem Wählen endlich für eine Braut entschieden hatte. Da sagte er: "Wenn ich auch nicht glücklich werde, so werde ich doch glücklich machen." Das war ein ganz dürftiger Irrtum. Aber Männer haben, namentlich wenn sie eitel sind, leicht eine rührende Beschränktheit an sich.

Die Ehe ist ein unerbittlicher Spiegel der Wahrheit. In ihr gibt's kein Verstecken, und die beiden Leute werden vor einander so offenbar, wie sie wirklich sind. Vielleicht sprechen sie's einander nicht immer aus, gewiß nicht, wenn sie klug sind, aber erkennen werden sie einander in ungeschminkter Wahrhaftigkeit. So wenig sie gegenseitig in ihr tiefstes Sein eindringen, so offenbar wird vor ihnen ihr vorliegender Wert oder Unwert.

Demnach birgt jede Ehe eine schwere Kette von Enttäuschungen. Ein Auge, das die Wahrheit erschaut, muß sich immer entsetzen, und es ist nur die Frage, ob es sich an ihren Anblick gewöhnen kann oder nicht. Wer heiratet, meint sich auf Rosen zu betten. Er hat auch Recht daran, aber die Rosen haben mehr Dornen als Blüten, und die Blüten währen nur kurz, die Dornen immer.

*

Es gibt keine größere Veränderung im Leben, als eine Eheschließung. Wenn die Sonne der Liebe aufgeht, verbleichen die Sterne der Freundschaften. Vieles, was uns früher festgehalten hat, zerfällt vor dem Neuen, Unerhörten, und wo wir uns in freiem Entschlusse hingaben, fühlen wir uns plötzlich von Riesengewalten gebunden. Es scheint, daß wir die gleichen Menschen sind, aber die Welt, in die wir eintraten, ist grundanders und ändert auch unser Wesen.

Nur sehr starke Menschen vermögen es, sich treu zubleiben, auch in der Ehe. Die weitaus meisten ändern sich von Grund aus. Häufig nicht zum Bessern.

Dabei hat sich herausgestellt, daß der stärkere Teil in der Regel das Weib ist. Ich kannte Männer, die waren ganz vernünftig, bis sie heirateten. Dann wurden sie weiches Wachs in den Händen ihrer Frauen. Ein Weib kennt man zuweilen, ehe es verheiratet ist, einen Mann nie. Wer ein Mann ist, weiß man erst, wenn er ein Weib hat.

Das Wagnis einer Eheschließung ist so groß, daß viele es nicht unternehmen würden, wenn sie's vorher wüßten. Darum soll man eine Ehe nur eingehen in den Jahren der höchsten Kraft und einander seine Jugendkraft, womöglich eine ganz reine Jugend, als Morgengabe, mitbringen. Wer den richtigen Augenblick versäumt, findet schwer den rechten Anschluß, auch den rechten Mut.

Das große Wagnis erfordert große Kraft und große Unwissenheit. Unwissend traten wir in's Leben. Unwissend in die Ehe. So will es die Natur. Wären wir Wissende, taugten wir für beides nicht.

Wäre nicht die Allgewalt des heiligen Naturtriebes vorhanden, Mann und Weib fänden den Weg nicht so leicht zu einander. Es ist gewiß wahr: Sie finden schwer miteinander ein wahres Glück. Aber ebenso wahr ist auch das andere: Ohne einander finden sie es noch viel schwerer. Das Weib kann den Mann nur schwer missen, der Mann ist nur in besonderen Ausnahmefällen fähig, ohne Weib zu sein.

Wer das Wagnis der Ehe wagt, setzt sein Leben aufs Spiel, wer es aber aus Mutlosigkeit nicht wagt, verzichtet von vornherein auf die eigentliche Lebensfülle.

Darum soll der Mann Vater und Mutter verlassen und seinem Weibe anhangen. Wer sich nicht an ein Weib wagt, wie kann der sich an das Leben selbst wagen!

Die Hochzeit.

Je kleiner die Hochzeit ist, desto besser. Die alten Bauernhochzeiten währten sieben Tage. Auch das hatte sein Recht. Was die jungen Leute bis zur Hochzeit gesehen hatten, war nichts als Mühe und Plage. Er war Vaters Knecht, seit er laufen konnte, und sie der Mutter Magd ebensolange. Daß die jungen Leute da einmal Mittelpunkt eines großen Festes wurden, auf das sie sich lebenslang gefreut hatten, war recht und billig.

Auf diesen Hochzeiten spielte sich das Leben der Sippe ab. Sie waren unvergeßliche Feiertage in dem harten Leben des Alltags.

In der Stadt ist's schon anders. Siebentägige Hochzeiten würden dort Vermögen kosten. In bürgerlichen Kreisen mußte man notgedrungen verkleinern. Auch in bäuerlichen wurde es allmählich kleiner. Wieder mit Recht. Überall hat die Neuzeit Feste erfunden, an denen sich die Jugend beteiligt mit Spiel und Tanz. Da kann man der großen Hochzeiten leicht entraten, ohne die Hauptbeteiligten in ihren Rechten zu schädigen.

Wird aber gar noch die Braut ein Opfer der *Saison* und einer *Ausstattung* und soll dann noch, womöglich im Hause, ein Hochzeitsfest gerichtet werden, so geht's über die Kräfte.

Der Grundsatz müßte doch gelten, daß Feste Tage der Ruhe und Freude sind. Wenn Feste quälend werden, und man sich davon erholen muß, ist's höchste Zeit, daß man sie abschafft.

Heute kann eine Hochzeit gar nicht klein genug sein, weil in unserer festefeiernden Zeit jedermann froh fein muß, wenn er seine Nerven schonen kann. Außerdem kann das, was bei einer Hochzeit erspart wird, den jungen Leuten sehr wertvoll sein in dem werdenden Hausstande.

Die meisten Menschen heute tun gut, sich so viel als möglich einzuschränken. Das Leben erfordert ohnehin genug Aufwand. Wenn seine Behaglichkeit aber noch durch besondere Feste ins Schwanken gebracht werden soll, so versagen schließlich die Kräfte. Die Krankheit der Zeit ist an sich die Übertreibung auf allen Gebieten. Darum soll man dort zurückschneiden, wo es am leichtesten geht.

Die jungen Leute haben für ihr Empfinden genug Fest, daß sie einander angehören dürfen; die Alten haben am meisten Freude, wenn der Kreis recht traulich, recht wenig lärmend ist. Also ist die schönste Hochzeit die, die im engsten Familienkreise, ohne unnötigen Aufwand an Geld und Kraft gefeiert wird, bei der aber noch einmal alles, was an Liebe und Familientraulichkeit vorhanden ist, das junge Paar umgibt.

Ich kann mir auch nicht vorstellen, daß jemand trauern würde, wenn er ein so seelenloses Diner, wie es heute bei Hochzeitsgelegenheiten in irgendeinem Gasthause gegeben wird, nicht mitzumachen hat. Das mögen Leute geben, die viel Geld und wenig Gemüt haben und sich bei solchen Gelegenheiten einmal zeigen wollen; aber solche Unbehaglichkeiten sind glücklicherweise überlebt.

Es ist geradezu Aufgabe unserer jetzigen Zeit, dem Traulichen, Behaglichen in neuer Form zu seinem alten Rechte zu verhelfen. Bei den Urvätern bekam es sein Recht im sehr Großen und sehr Feierlichen, bei uns, wo zu viel sehr Großes und Feierliches da ist, im sehr Kleinen und Behaglichen.

*

Unter vernünftigen Umständen ist auch eine Hochzeitsreise nicht ganz verwerflich.

Man kann eigentlich von dem heutigen Menschen erwarten, daß er nicht mehr den Ehrgeiz hat, alles abzugrasen, was man nach irgendeinem rotgebundenen Reisehandbuch gesehen haben muß. Unsere jetzige Jugend hat vor der Hochzeit schon manches schöne Stückchen Welt gesehen. Die Hochzeitsreise soll also nicht der Welt gelten, sondern dem engen Glück. Also genügt ein Fahrplan, und man kann des Bädekers entraten.

Namentlich Museen sind entbehrlich, denn es sind Bildungs- und Arbeitsstätten. Auf der Hochzeitsreise sollten nur solche sie aufsuchen, die vorher wissen, was sie sehen wollen und fähig sind, es zu würdigen und sich zu beschränken.

Das beste ist, man geht in die große, schöne Natur. Es müssen nicht durchaus Gardasee und Lago Maggiore sein, womöglich in der staubigen Glut des Sommers, wo die Schwindsucht aller Grade keucht, und vorlaute Hoteldiener die Hochzeitsreisenden in widerlicher Vertraulichkeit begaffen, sondern man gehe dahin, wo die Natur noch nicht verscheucht ist, in Waldesstille und Bergesluft, woran unsere deutsche Heimat noch so reich ist. Wo man allein ist und wo's traut ist, mag man zu zweien sein und vertraut werden.

Der Mensch sollte niemals eine Vergnügungsreise machen, ohne sich wirklich zu erholen und frische Kräfte zu sammeln. Am allermeisten gilt das von der Hochzeitsreise. Sie muß Frische und Freude sammeln helfen für sehr ernste Zeiten. Das Ergebnis der Hochzeitsreise muß ein unaufhaltsamer Arbeitsdrang sein. So gekräftigt mögen die jungen Leute ihr schweres Werk beginnen.

Davon hängt auch ihre Dauer ab. Wer in der Zeit und im Gelde beschränkt ist, soll froh sein, denn es ist gut, wenn die Hochzeitsreise kurz ist. Wer unbeschränkt in beidem ist – das sind hoffentlich die wenigsten – muß sehr achten auf die Stimme der Natur, die nach Arbeit verlangt. Ohne Arbeit gibt's kein Leben, am wenigsten ein junges Eheleben, das durchaus der Arbeit gehört.

Die Stimmung, in der man nach Hause kommt, gibt am deutlichsten an, ob die Hochzeitsreise und die ganze Art der Verehelichung ein Fehler war oder nicht. Wer überreizt heimkehrt, hat alles grundfalsch gemacht.

Ich verstehe gut die Abneigung vieler Ärzte gegen die Hochzeitsreise. Sie werden nur zu viele Gründe dagegen wissen. Aber ich glaube andererseits, daß ein gewissenhafter Arzt gegen eine Reise, wie ich sie hier vorschlage, nichts einzuwenden haben wird.

Es wird aber trotzdem gut sein, hier auf die Stimme des Arztes zu hören. Wir haben heute sehr verständige Ärzte. Sollte er ganz abraten, so ist es ein ganz köstlicher Ersatz, wenn man nur das Vorhaben der Reise mit in den jungen Hausstand nimmt und die Reise gelegentlich einmal ausführt. Das Plänemachen ist oft viel erquicklicher als die Reise selbst. Ich erinnere mich lebenslang mit Vergnügen an unsere Hochzeitsreise, die wir unternahmen, als unser Ältester schon laufen lernte.

Hat man aber schließlich irgendwo einen Fehler gemacht, so ist im Leben das das Gute, daß Fehler eigentlich nicht viel schaden. Der Mensch, wie er wirklich ist, ist fehlerhaft, also hat er auch das Recht, Fehler zu machen. Es kommt nicht so sehr darauf an, daß man Fehler vermeidet, als darauf, wie man sich zu den gemachten stellt. Wer sie verleugnet oder sich drüber grämt, macht sie erst schwer, wer aber neues baut, macht sie versinken.

Wer also überreizt nach Hause kommt, bedarf der Stille des Einarbeitens. Es ist etwas Großes, Feierliches um das Beginnen des eigenen Hausstandes, dieses köstliche Alleinsein mit dem geliebten Ehegatten, dieses Arbeiten, in dem man je länger je mehr nur aufeinander angewiesen ist.

Wer eine freudlose Jugend hatte, viele haben das, der kommt nun zum ersten Male richtig nach Hause. Welche Welt von Liebe und Freundlichkeit tut sich da auf! Möchte sie nie versinken! –

Der eigene Herd

Hoffentlich weiß die junge Frau, wie man einen Herd regiert und benutzt. Wie es im Hause sein wird, das hängt ausschließlich von der Frau ab. Ob das Herdfeuer behaglich wärmt oder sengt und anbrennt, es ist in jedem Falle die Ausstrahlung des Geistes der Hausfrau. Sie bestimmt den Ton des Hauses, ohne daß sie es weiß.

Ihr Wesen macht es düster und verbissen oder licht und behaglich. Selig das Haus, dessen Hausfrau ein Kind des Friedens ist!

Ein heutiges Mädchen sollte durchaus wissen, wie man ein Haus einrichtet. Es muß sich Rechenschaft geben können über die Grundsätze, die ein Hauswesen freundlich, licht, gesund und wohltuend gestalten können. Je bewußter eine Frau hier arbeiten kann, desto besser. Früher glaubte man ein Mädchen richtig zu lehren, wenn man ihm eine gewisse Übung im Kochen und in häuslichen Verrichtungen beibrachte. Heute muß man sie denken lehren und Grundsätze begreifen. Übung und Anwendung wird sie sich dann allein aneignen nach dem Maße des Bedürfnisses.

Für den jungen Haushalt würde ich vorschlagen, ihn so einfach als möglich zu gestalten. Es ist zu wünschen, daß keine Kapitalien seinen Rückhalt bilden, sondern die frische junge Kraft zweier Menschenseelen allein. Die beiden sind ja so unendlich reich, wie sie gar nicht ahnen. Da können sie um so freudiger das Äußerliche recht einfach gestalten. Wer seinen Reichtum zur Schau zu stellen das Bedürfnis fühlt, hat in der Regel den eigentlichen Reichtum nicht, und eine armselige Ehe kann man durch keine Vergoldung verbessern.

*

Nein, nein, soll man eine Wohnung einrichten, so muß man ganz anders anfangen. Zuerst ein lichtes, luftiges Schlafzimmer mit aller Einfachheit, aber alles sehr gut und behaglich. Wo der Mensch seine Ruhe sucht, da muß man auch ausruhen können. Wo man ein Drittel seines Lebens verlebt, da muß gute Luft und Sonne Zutritt haben. Dort soll man nicht sparen.

Dann Herd und Küche. Eine blitzblanke Küche ist die Ehre der Hausfrau. Ihr bloßer Anblick zu jeder Zeit, gleichviel, ob gearbeitet wird oder nicht, muß die Eßlust erregen. Die Küchengeschirre müssen womöglich besser sein als die Speisegeschirre. Wer sich viel Ärger sparen will, vermeide teure Porzellansachen und Kristallglas. Zertrümmert werden sie doch, und mit manchen wird das häusliche Glück mit zertrümmert. Stelle ich aber mein Porzellan und Kristall in den Glasschrank und helfe mir für gewöhnlich mit Steingut, so kann's ebenso gut der Kaufmann aufheben. Er versteht besser, die Sorge dafür zu tragen.

Wer sehr reich ist und besondere Leute dafür anstellen kann, mag ja alle möglichen Herrlichkeiten bei sich lagern und gelegentlich damit prunken. Wer aber nicht reich ist, sollte lieber den Wert auf Behaglichkeit als auf Glanz legen. Zu letzterem ist ein Haben nötig, zu ersterem ein Sein.

Außerdem ist es für einen jungen Haushalt wünschenswert, so wenig wie möglich Dienstboten zu haben. Das junge Glück ist zerbrechlich, und mit ihm zerbrechen Menschenleben. Dienstboten aber dienen nicht zur Erhöhung des häuslichen Glückes. Also richte man sich so einfach wie möglich ein. Überhaupt fehlen sollte in einem jungen Haushalte eine gute Stube oder gar ein *Salon*, jenes ungemütliche Puh, das die Liebe verscheucht, aber nicht festhält.

Wer große Aufgaben zu lösen hat, muß so wenig wie möglich Gepäck bei sich haben, junge Eheleute aber haben die größte Aufgabe zu lösen, die es gibt, das Leben von Menschen aufzubauen und ein Planetenschicksal zu formen. Es ist ganz gewiß nicht gleichgültig, ob unser Dasein auf diesem Stern verfehlt oder erquicklich ist. Zu beidem liegen die Keime in der jungen Ehe. Darum weg mit allem unnötigen und zerstreuenden Tand!

Es hängt ungeheuer viel daran, ob ein Mann sich daheim wohl fühlt. Er muß sich dauernd wohl fühlen. Das ist eine sehr schwierige Aufgabe, die eine Frau zu lösen hat. Wird ein Mann häuslich, so hat er es seiner Frau zu danken. Nichts zerstört so sehr das eheliche Glück, als wenn der Mann seine Ruhe und Freude im Wirtshaus sucht.

Eine der schwersten deutschen Unsitten ist das öde Wirtshaussitzen verheirateter Männer. Daher kommt das ganze Bierphilistertum, diese dürftige politische Kannegießerei, dieses jämmerliche Parteiwesen, um deswillen wir in der ganzen Welt ausgelacht werden. Diese Unart können uns nur die Frauen abgewöhnen. Nicht durch unklugen Widerstand, sondern nur durch die lebendige Behaglichkeit, mit der eine Frau ihre Häuslichkeit erfüllen kann. Eine Frau vermag unendlich zu beglücken. Sie ist viel reicher, als sie glaubt. Ein Mann vermag ihr gar nicht gleichzukommen. Darum ist sie auch berufen, die häusliche Behaglichkeit zu schaffen. Sie setzt ein im Zimmer des Mannes und gestaltet es zum Kleinod des Hauses. Es kann ganz einfach sein. Wo es zu einem Schreibtisch nicht reicht, fängt man mit einem einfachen Tisch an, und im Maße, als sich die Ersparnisse mehren, schafft man ein Stück nach dem andern und bessert unaufhörlich. Beide sollen die Halme zum Neste tragen, die es warm halten können.

Es wird nicht lange währen, so wird auch der Mann das Bedürfnis fühlen, der Frau eine Heimstätte zu schaffen, und sie hat am besten für sich gesorgt, wenn sie ihm ein Heim schuf.

Es hängt sehr viel an der Einrichtung einer Wohnung. In die leblosen Schöpfungen der Handwerker kann hineingegossen werden der Geist des Friedens und kann dem toten Stoff eine vernehmliche Sprache des Wohllauts geschenkt werden. Eine Frau, die das versteht, hat ein schweres Lebensrätsel glücklich gelöst.

Weitaus die meisten Männer haben ihre Berufsarbeit außer dem Hause. Da sollte sie ihr Heim mit Liebesarmen umfangen, wenn sie müde und abgespannt heimkommen und durch sein bloßes Dasein neue Lebenskräfte geben. Wo's aber daheim unbehaglich ist, da zerbröckelt das Leben, und beide Ehegatten leiden darunter. Arme Kinder, die auf solchem Boden erwachsen müssen! Sie können erst heimkommen, wenn sie selbst ein Heim gründen!

Es gibt kleine Dinge, an denen Großes hängt. Ein Steinchen im Stiefel kann einen Menschen aus dem Gleichgewicht bringen. Wer in seinem Hause die Kleinigkeiten vernachlässigt, kann Menschenleben zerstören. Der wertvollste Besitz, den wir haben können, ist nicht Gold und Ehre, sondern ein trautes Heim am eigenen Herde.

Der Kampf ums Dasein

Nahe, sehr nahe bei der Hochzeit liegt der erste eheliche Verdruß. Die Verlobungszeit ist ja auch reich daran. Aber Verlobte pflegen sich dann sofort freizugeben, um sich binnen kurzem wieder ewige Liebe zu schwören.

Eheleute können sich nicht freigeben. Hinter ihnen hat sich ein Tor geschlossen, das sich im allgemeinen nicht wieder öffnet. Nicht einmal ausweichen können sie einander. Sie begegnen sich Tag und Nacht, und fortgehen bedeutet für sie, seine Heimat verlassen.

Es ist etwas ganz Wunderbares geworden. Eines ist nur bei dem andern daheim, und Verdrießlichkeiten zwischen ihnen machen beide heimatlos. Was das unglücklich erwachsene Kind ersehnt hat, nach Hause zu kommen, das wurde, kaum gewonnen, in Frage gestellt durch den ersten Verdruß.

Es tritt natürlich schnell eine Versöhnung ein. Die Leidenschaft gebiert sie, die zwischen dem jungen Paare wogt. Aber sobald sie verraucht ist, kommt der zweite Verdruß und die folgenden. Man kennt sich nicht mehr aus. Vorher war alles lieb und gut, jetzt ist alle Tage Bitterkeit, und die leidenschaftlichen Ausbrüche der glimmenden Liebe werden nur noch Unterbrechungen des häuslichen Haders. Zu einer friedlichen Einmütigkeit kommt's fast nie. Nie dauernd.

Was ist das? Ich antworte: Ein Naturgesetz. Also ist's gar nicht so bedauerlich. Es ist notwendig. Es gibt keine Ehe ohne viel Verdruß, und wenn's eine gäbe, so möchte ich sie nicht führen.

Man bedenke, was eine Ehe ist, und man wird ihre Nöte verstehen. Wären Mann und Weib zwei sich ergänzende Körper, so wären die Ehen wie die Tierehen, verhältnismäßige Freude und Glück. Sie sind aber zwei grundverschiedene Geister, die zwar auf einander zustreben, aber sich nie ganz finden können.

Bei Mann und Weib ist alles verschieden. Beide sind gleich berechtigt, gleich wertvoll, aber in jeder Regung anders gerichtet. Das Weib empfindet schon ganz anders als der Mann. Die Männer glauben immer, Frauen hätten die gleichartigen Empfindungen wie sie. Es sind aber so ziemlich die entgegengesetzten. Darum kann ein Mann nie ein Weib ganz verstehen, nicht einmal in seiner Empfindungswelt. Ich glaube, sogar so einfache Dinge wie Hunger und Durst werden von den Geschlechtern verschieden empfunden, wenigstens äußern sie ihre Empfindung verschieden. Wenn Mann und Weib nur zusammen reden, verfügen sie nicht einmal über die gleiche Höhenlage der Töne. Ist's ein Wunder, wenn jedes auch eine andere Sprache redet?

Man kann zwar im Laufe der Jahre durch aufmerksame Beobachtung und Gespräche mancherlei von einander erforschen. Aber ganz einzudringen in die Welt des andern vermag wohl niemand.

Wie merkwürdig! Das Weib lebt neben uns in hunderttausenden von Einzelwesen. Hunderte lernen wir mehr oder weniger nahe kennen. Aber es lebt in einer anderen Welt, deren Rätsel immer größer werden, je mehr wir uns mit ihr beschäftigen. Und auch wir sind für das Weib nicht voll verständliche Größen. Seit Jahrtausenden erforschen sich die Geschlechter, aber der Reiz dieses Forschens ist noch nicht erschöpft, und die Wissenschaft vom Weibe und vom Manne nicht abgeschlossen.

Alle Erkenntnisse, die wir bekommen, können nur erlebt werden. Aber hier fehlt das eigentliche Nacherleben.

Am drolligsten sind die Männer, die das Weib wirklich zu verstehen vorgeben und die Frauen, die die Männerwelt erkundet haben. Wenn ich einmal recht lachen will, suche ich solche Gesellschaft auf und lese ihre Bücher. Denn Bücher schreiben diese Klüglinge alle über ihre Weisheit.

Nun rede ich aber nur von der Empfindungswelt. Unendlich darüber steht die Gedankenwelt. Die Geschlechter denken verschieden, sie fassen alles anders auf. Wenn sich heute ein eifriges Mädchen durch alle Denkwerkzeuge der Männerwelt hindurchgequält hat und schließlich alle akademischen Würden auf seinen Scheitel und seine Visitenkarte gehäuft hat, dann ist sie immer noch ein Weib, das dennoch anders denkt als ihre männlichen Mitarbeiter. Sie ist nicht minderwertig. Ihre Art ist völlig gleichberechtigt. Es ist sogar möglich, daß sie vielen ihrer Arbeitsgenossen überlegen ist. Aber sie ist anders. Grundanders.

Wir sehen, die geschlechtlichen Unterschiede verwischen sich nicht im Geiste, sondern vertiefen sich. Je mehr sich die Geister in ihrer Eigenart entfalten, desto schärfer werden sie.

Dabei ist noch ein undurchdringliches Geheimnis. Es kann unmöglich männliche und weibliche Geister geben. Die Geister müssen wir uns geschlechtslos vorstellen, die nicht freien und sich nicht freien lassen, wie die Engel Gottes. Aber sobald sie in diese Bahn der Geschlechter eingetreten sind, entfalten sie grundsätzliche Verschiedenheiten. Wie unendlich muß die Welt des Geistes sein, wenn wir die der Körper schon nicht ergründen können!

Zwei solche Geister schmiedet eine Ehe zusammen. Durchaus nicht nur zwei Körper. Zwei entgegengesetzte Irrtümer. Beide freie

Geister, gleichwertige Menschen, aber angekettet aneinander. Durch freien Entschluß zwar, aber doch gekettet.

Wehe den Unglückseligen, wo nicht der Mensch den Menschen suchte, wo nicht der freie Geist sich seinem Gesellen herzlich anvertraute in freiem Willen!

Für diese beginnt mit der Eheschließung eine Hölle auf Erden. Sind sie, was ihnen sehr zu wünschen ist, stumpfsinnige Geister, die sich für irgendeinen Wert verschachert haben, dann ist die Hölle noch erträglich zu gestalten. Man hat von vornherein auf den Menschen im andern verzichtet, also wird man auch jetzt irgendeinen Wert finden, mit dem man sich über das eigentliche Lebensglück abfinden läßt.

Das ist der Zustand zahlreicher Ehen auf Erden, und die Welt nennt die Leute glücklich verheiratet, wenn beide Teile so viel Haltung bewahren, daß sie sich ins Unvermeidliche fügen. Die ersparen sich den Kampf ums Dasein. Sie können aber nie in der Welt glücklich werden und müssen angesichts eines gedeckten Tisches hungern.

Sind's aber tiefer angelegte Geister, so mag leicht die Reue über ihre unselige Tat übermächtig werden und Dinge herbeiführen, die, wie sie sich auch immer äußern mögen, in jedem Falle ihr ganzes Leben auf diesem Sterne verderben und vergiften. Arme Menschen!

Aber ich nehme Eheleute an, die ihre Ehe auf vernünftiger Grundlage geschlossen haben und mit freiem Entschlusse sich einander gegeben haben.

Auch diese müssen naturgesetzlich in die schwierigsten Verhältnisse kommen. Schon eines. Der Geist schreit nach Freiheit, die Ehe bindet. Wären sie zu dritt, so könnte man Mehrheitsbeschlüsse herbeiführen. Aber zwei Willen, zwei Empfindungen, zwei Welten stehen einander beständig gegenüber ohne sich vollkommen verstehen zu können.

Da muß es ja einen Kampf geben. Es handelt sich für jeden Geist um Sein oder Nichtsein, um Obsiegen oder kläglich Unterliegen. Wer unterliegt, verfällt den Gewalten einer ihm fremden Welt. In diesem Ringen kehrt sich das Innerste nach außen, in der Ehe gibt's kein Verbergen und Verstecken. Die Ehe ist ein Wahrheitsboden ohnegleichen. Der furchtbare

Ernst des Lebens, er offenbart sich nirgends deutlicher, als in der Ehe. Zwei Welten stoßen aneinander im Mann und im Weibe. Das kann ja nicht abgehen ohne tiefste Erschütterungen.

Also wer heiratet, kann gar nicht ein glattes Glück und restloses Aufgehen erheiraten, sondern jede Ehe birgt die denkbar schwersten Erlebnisse, die uns als Enttäuschungen anmuten. Das geschieht nicht, weil die Eheleute schlecht und unverträglich sind, sondern weil die Natur es so eingerichtet hat, weil sie Gottesgeister sind. Deshalb braucht aber auch niemand zu erschrecken. Es sollen immerhin Ehen geschlossen werden. Man ist auch nirgends so in Gottes Hand, als gerade in der Ehe.

*

Der Kampf um's Dasein wirkt sich sehr verschieden aus. Sind in der Ehe zwei ungleichwertige Geister zusammengeschmiedet, so gestaltet er sich sehr einfach. Immer, wo Geister zusammentreffen, gewinnt der stärkere. Das Gesetz gilt bei den Geistern ebenso wie bei den Körpern und ist ein verständliches Naturgesetz. Die größere Masse, die größere Kraft, der größere Geist, jedes Größere wirkt bestimmend auf das Kleinere.

In der Ehe gestaltet es sich so, daß der schwächere Teil – in der Regel ist es der Mann – ein paarmal versucht, aufzubegehren, dann ist sein Widerstand für immer gebrochen. Die Welt sagt: Die jungen Leute haben sich gefunden und nennt die Ehe glücklich. Ach, sie sind ja alle so glücklich, wenn man sie danach fragt, und so unglücklich, wenn man sie ansieht. Eure Gesichter sind die Verkläger eurer Worte.

Ich verkehrte einmal viel in zwei verwandten Häusern. Das eine war ein entzückendes Kinderhaus mit viel Nöten äußerlich und viel Wutausbrüchen innerlich, aber doch voll wohligen Glücks. Das andere war kalt und gelassen, aber eine vergiftete Hölle, wo man kaum atmen konnte. Da sagte eines Tages der Höllenmann zu mir: "Denke nur, diese Leute behaupten, ich sei unglücklich verheiratet, und sie selbst, wie schwer sitzen sie im ehelichen Unglück!" Aber ich konnte nur froh fein, wenn ich bei den andern weilte.

Da wird freilich der Kampf um's Dasein beendet, wenn einer der Gatten hoffnungslos unterlegen ist, und schließlich wird ein erträglicher Frieden, allein ein Glück ist damit nicht geschaffen. Hat das Weib den Mann unter dem Pantoffel, so ist er unter Umständen freilich zufrieden. Denn dem Manne eignet leicht eine so rührende Eitelkeit, daß er im Bewußtsein seines Wertes seine Minderwertigkeit gar nicht bemerkt und sich in fauler Bequemlichkeit widerstandslos unterordnet.

Aber das Weib ist damit noch nicht glücklich. Ihre Natur will sich anlehnen und, was ihr in tiefster Seele zuwider ist, die feige Schwäche, die schleppt sie nun lebenslang als Männerlast mit herum. Ein Weib, das Herr sein muß, weil es den Herrn nicht fand, ist im Grunde nicht befriedigt und daher leicht geneigt, ihr inneres Unbehagen an anderen auszulassen, weil ihr das eigentliche Glück fehlt. Oft weiß sie es gar nicht deutlich, aber immer empfindet sie es.

Es kommt aber auch vor, daß der Mann der stärkere Geist ist, der das Weib unterdrückt. Das Weib lehnt sich gerne an und fühlt sich geborgen bei der Kraft. Aber wenn sie übermächtig wird und vielleicht gewalttätig ihre freien Regungen zertritt und unterbindet, dann hat sie wieder die stärkere Empfindung und fühlt sich zertreten. Jeder Geist ist voll bewußter oder heimlicher Sehnsucht nach Freiheit. Auch das Weib wird nicht zufrieden sein, bis sie ihr eigen ist. Auch sie ist ein freier Gottesgeist. In solchem Falle kann auch der Mann nicht das volle Glück haben neben dem zagen Häufchen Unglück.

In allen solchen Fällen finden die Eheleute in der Regel irgendeinen Ausgleich, eine Lebensmöglichkeit, aber ohne das eigentliche Lebensglück an einander. Denn Mann und Weib sind zwei Elemente, deren Aufeinanderschaltung den Freudefunken erzeugen muß. Ist aber eines zu stark, so wirken ungleiche Kräfte. Diese erzeugen immer eine schiefe Bahn. Das Glück, das sie allenfalls finden können, besteht in der Befriedigung treuer Pflichterfüllung und dergl. Aber in solchen Häusern schwebt auch eine kühle Verdrossenheit, die erkältend auf Bewohner und Besucher wirkt.

Ich habe in so zahllosen Häusern verkehrt und mich in der Jugend immer gefragt: Warum fehlt den meisten Ehen die Wonne des eigentlichen Menschenglücks? Jetzt weiß ich's. Der Kampf ums

Dasein der Geister wird mit ungleichen Kräften geführt. Daran hat niemand eine Schuld. Das ist die Schwere des Lebens. Darum wehe dem, der Ehen *stiftet!*

Am gelungensten werden Ehen, wenn ungefähr gleich starke Geister zusammentreffen. Da gibt's bald den heißesten Kampf um Sein oder Nichtsein. Viele verzagen dran, ihn zu Ende führen zu können und geben's auf und gehen auseinander.

Das ist sehr zu beklagen. Um der Leute selbst willen. Nein, dann gerade nicht auseinander gehen. Das größte Glück ist, daß gleichstehende Geister sich überhaupt begegnen. Laufen sie auseinander und geben sie den Kampf auf, so werden sie kaum etwas Besseres finden. Wer klug ist, hält aus und hält am Glauben an den andern fest. Der Glaube an den Menschen gewinnt's auch hier, selbst wenn der Kampf der Geister jahrelang dauern sollte.

Man soll auch ja nicht glauben, daß es zu irgend einer Zeit in einer Ehe völlig gewonnen ist. Je lebensvoller eine Ehe ist, desto leichter wird sie von mehr oder weniger bedenklichen Übergangszeiten betroffen, die immer neu überwunden werden müssen. Es ist nur ein Zeichen von Gesundheit, wenn gelegentlich auch nach der silbernen Hochzeit Erschütterungen eintreten. Die Ärzte nennen das Heilkrisen. Sie kommen oft in langen Zwischenräumen, aber sie kommen und werden mit der Zeit immer besser überwunden, weil geübte Kraft stetig zunimmt.

Eine solche Zeit ist beispielsweise das Nachlassen oder Versagen der Geschlechtsfreudigkeit eines Teiles. Für viele ist's recht schwer, sich unter diesen Vorgang der Natur demütig zu beugen. Das Erlebnis schärft oft genug die vorhandenen Fehler und Härten und wirkt wehtuend auf den andern Teil, der als Ehegatte natürlich zuerst davon betroffen wird. An diesem Wendepunkte kann leicht viel Liebe erkalten.

Wenn nicht alles täuscht, steht auch allen Ehen unserer vom Weltkrieg heimgekehrten Krieger eine schwere Übergangszeit bevor. Wieviele deutsche Ehen sind das! Der Mann, der nur auf Kameraden angewiesen unter der eisernen Faust des Dienstes und der steten Lebensgefahr und Nervenbelastung lange ohne sein Weib leben mußte, wird naturgemäß zunächst etwas unbändig erscheinen, hat sich auch innerlich manches anders vorgestellt, als er's dann findet. Das Weib und vielleicht auch heranwachsende Kinder haben inzwischen gelernt, sich ohne männliche Kraft und Beratung zu behelfen und oft genug Ungewöhnliches geleistet. Für viele wird dann eine ganz neue Form der Ehe beginnen. Weil aber beide Teile unabhängiger und vollständiger geworden sind, werden ihnen mancherlei schwere Enttäuschungen wohl nicht erspart bleiben. Die Ehe wird sich vielfach ganz neu gestalten müssen.

Unter diesen Schwierigkeiten soll ja niemand verzagen, wenn's zuweilen scheint, als wolle es nicht mehr gehen. Vielleicht wird auch von beiden Seiten ein ungewöhnliches Maß von Verzeihen gefordert werden. Das alles sind nur Widerspiegelungen der großen Zeit, die wir zu erleben gewürdigt sind. *Große Zeiten sind immer schwere Zeiten, nie leichte Zeiten. Freut euch innerlich am Großen, auch wenn es durch Schweres geht!*

In allen solchen Fällen, die unbedingt als eheliche Heilkrisen anzusprechen sind, gibt es nur ein Heilmittel, das aber auch alles zu schaffen vermag. Das ist der unerschütterliche Glaube an den andern, der sich durch nichts irre machen läßt. Der Glaube ist der Sieg über die Welt, wieviel mehr der Sieg in jeder Ehe! Aus solchen Übergangszeiten werden die Ehen nur um so gekräftigter hervorgehen.

Der Lohn der Treue und Liebe, die hier hoffte, wo es oft schien, als sei nichts zu hoffen, ist köstlich. Ist eine Ehe erst richtig ausbalanziert, hat jedes seine klare Stellung gefunden, so finden sich auch die richtigen Angriffspunkte der beiderseitigen köstlichen Menschenkraft. Dann gibt's eine goldige Klarheit, ein herzliches Verstehen und eine innige Hochachtung voreinander.

Das ist die Macht der Wahrheit, die ihren Glanz da ausbreitet, wo man ihr die Ehre gegeben hat und nicht in falscher Weichlichkeit und Bequemlichkeit am endlichen Gelingen verzagte.

Solche Ehen werden unerschütterlich,, eine feste Stätte, an der die Wogen des Lebens anprallen und sich teilen, weil sie sie nicht übermögen. Da wird wirklich Friede und wirklich wahres Glück, wo die Leute mutig diesen Geisterkampf durchgerungen haben. Da kann es kein Unglück mehr geben. Solche Ehen sind auch riesenstark. Was auch immer von außen kommt, wird sie nie umwerfen.

Das sind die Stätten des Glücks auf Erden, wo es allen wohl wird, die sie betreten. Von ihnen leuchtet Leben und Freude weithin. Wer näher zusehen würde, würde sich wundern, daß solches Glück erst aus so viel Unglück, Schwerem und Kämpfen errungen wurde. Eine Ehe muß ihr Glück immer von neuem gebären. Darum fehlen ihr auch nie die Geburtswehen.

Die sogenannten unglücklichen Ehen tragen in sich den verborgenen Keim wahren Glücks. Die sogenannten glücklichen sind oft genug verdeckte Minderwertigkeit.

Es gibt keine größere Seligkeit auf Erden als eine Ehe mit erkämpftem Glück. Es gibt kein Glück und keine Seligkeit, die nicht dem Leid abgerungen wurden.

Wer also in die Ehe tritt, mache sich auf sehr Schweres gefaßt. Jeder Mensch soll wissen, daß er nicht das leiseste Recht auf Glück hat, weder in seinem Planetenleben überhaupt noch in seiner Ehe. Wer heiraten will, darf vor keinem Unglück erbeben, sondern muß den festen Willen haben, als Mensch dem Leben das Leben abzuringen.

Die Ehe ist zuerst Kampf, nicht Seligkeit, wie ein chemischer Vorgang, der mehr oder weniger stürmisch verläuft. Aber sie vermag ein Glück zu geben, das jede bequeme Ehelosigkeit weit zurückläßt, einen Himmel auf Erden zu schaffen, der die Heimat des wahren Menschen ist, denn sie schafft wahre Menschen.

Die Hilfe im Dasein

Überall ist die Natur gleich. Es gibt einen Kampf ums Dasein überall. Der große Darwin hat darauf hingewiesen. Aber er sah nur eine Seite. Die bedeutsamere Seite ist die Hilfe im Dasein, die auch die ganze Natur durchzieht. Das Nein und Ja des Lebens.

Die Hilfe im Dasein ist die stärkere Kraft, die aufbauende. Sie ist's, die die Ehen der Geister ermöglicht.

Von dem Augenblick der Hochzeit an, sind zwei Schicksale so fest aneinander geschmiedet, daß eines ohne das andere weder wahrhaft glücklich, noch unglücklich sein kann. Es gibt kein einseitiges Glück oder Unglück mehr.

Es werden wohl selten Ehen ohne alle Liebe geschlossen. Darum brauchen wir davon gar nicht viel zu reden. Würden sie ohne Liebe eingegangen, so wäre damit das Unglück noch lange nicht besiegelt. Die Liebe, deren Eheleute wirklich bedürfen, wird nicht mitgebracht, sondern erworben.

Aber die mitgebrachte Liebe hilft uns in dem Kampfe ums Dasein. Mit wem würde man wohl einen so hohen Einsatz wagen, wenn nicht mit einem innig geliebten Menschen?

Es wird bald auch minder denkenden Menschen deutlich, daß alles Gute, das sie auf den andern häufen, eine Vermehrung des eigenen Wohlbehagens ist.

Ein Weib ohne Mann ist wie eine rankende Pflanze, die keinen Stützpunkt hat. Sie lebt und wuchert auch, aber zur vollen Geltung kommt sie nicht. Es fehlt etwas. Und ein Mann ohne Weib ist noch schwieriger dran. Abgesehen davon, daß ihm die Hilfe im Dasein fehlt, verroht er leicht. Der erzieherische und veredelnde Teil der Menschheit bleibt das rechte Weib. Ohne Weib können nur Geistesriesen auskommen. Andere, die es versuchen wollen, bekommen – Weiber. So hoch das Weib den Mann hebt, so sehr erniedrigen ihn Weiber.

Wenn also der Kampf ums Dasein uns Selbstbehauptung auferlegt, so veranlaßt uns die Hilfe im Dasein ebenso zur Selbstverleugnung und Stütze des andern.

Das sind nicht ausschließende, sondern ergänzende Gegensätze. Sie werden auch ganz leicht von jedermann verstanden, wenn auch von den meisten mehr unbewußt durchgefühlt, weil sie Naturgesetze sind, die in uns liegen und durch uns zur Auswirkung kommen.

Es wäre aber gut, wenn die Menschen etwas mehr davon wüßten und bewußt handelten. Denn sie sind Geister.

Die Hilfe im Dasein umfaßt naturgemäß die bekannten drei Gebiete, in denen wir uns bewegen, die Körperwelt, die Empfindungswelt und die Gedankenwelt.

Das Weib hat hier wieder den glücklichen Vorzug, das Rechte zuerst zu empfinden, während der Mann das Erkannte klar und kraftvoll durchführen muß. Ganz von selbst empfindet das Weib, daß es die Aufgabe hat, körperlich den Mann zu pflegen, für seine rechte Ruhe und zuträgliche Nahrung zu sorgen und ihn vor äußerlicher Vernachlässigung zu bewahren.

Ein Weib, das hier den rechten Weg findet, und den meisten ist er gar nicht schwer zu gehen, wird bald unentbehrlich sein und eine solche Bedingung für das Dasein des Mannes, daß er auch Schweres mit in Kauf nimmt. Es wäre also das unklügste, was ein Weib tun kann, wenn sie die Herrschaft über Küche und Haus aufgäbe. Das heutige Weib soll aber nicht darin aufgehen, Köchin zu sein – es hat wahrhaftig mehr zu tun – aber Nahrungskünstlerin muß sie werden, wenn sie eine wahre Hilfe sein will.[1]

Es ist eigentlich etwas ganz Unmögliches für unsere Zeit, daß Köchinnen gedankenlos nach Urväter Weise fortkochen, während unsere hellsten Köpfe und fleißigsten Forscher die Wissenschaft vom Aufbau des menschlichen Körpers und der Zusammensetzung der nötigen Nahrungsmittel zu noch nicht dagewesener Höhe gebracht haben. Darin soll sich das rechte Weib von der Köchin unterscheiden, daß sie das Denken und Wissen auch in die Küche verpflanzt und nach dem Grade ihrer geistigen Fähigkeit Nahrungskünstlerin wird.

Wir haben das auch erlebt im großen Weltkrieg, als die Lebensmittel in Deutschland knapp wurden, weil England uns aushungern wollte. Da half die deutsche Frau daheim siegen und wußte zu ernähren, wo die Nahrungsmittel fehlten. Da wurde dieser vielfach als stumpfsinnig gescholtene Dienst befriedigend und beglückend. Heil der deutschen Frau!

Wer seinen Ehegatten liebt und pflegt, der liebt und pflegt sich selbst. Das erlebt die Frau tausendfach.

Schwerer ist's für den Mann, den rechten Weg zu gehen. Ihm fehlt oft das richtige Empfinden für das Weib.

Ein Weib bedarf großer Schonung. Ist der Mann pflegebedürftig, so ist der weibliche Körper schonungsbedürftig. Wer eine Ehe schließt, um sinnliche Befriedigung zu finden, dürfte sich schwer

---

[1] Vergl. darüber Ausführliches in Lhotzky »Leben«, Band IV, S, 88ff.

verrechnen. Es gibt Ehemänner und nicht wenige, die größere Enthaltsamkeit üben, als viele ahnen, noch mehr, die sie üben sollten.

Was bei der Frau unter der Anklage von Launen und Eigensinn steht, ist meist weiter nichts als der Schrei nach Schonung. Eine Menschenehe ist wirklich keine Tierehe, deren Gewicht im Sinnlichen liegt, sondern eine Veredelung der lebendigen Schöpfung, deren Ziel nach Freiheit im Geiste strebt. Darüber muß oft das Sinnliche gewaltig ins Hintertreffen kommen.

Die scharfen Züge, die ein vorzeitiges Altern der Frau in der Ehe aufprägt, sind in der Regel eine beredte Anklageschrift gegen einen verständnislosen Mann. Ich glaube nicht, daß ein Weib an sich schneller altert als ein Mann, aber wer sein Weib nicht schont, darf sich nicht wundern, wenn sie allzu schnell verblüht. In der rechten Pflege kann ein an sich gesundes Weib niemals ihre Reize verlieren. Sie wechseln vielleicht mit den Jahren und werden andere, aber größere.

Daß die Männerwelt hier bisher noch nicht das ABC begriffen hat, lehrt ein einziger Blick auf die verheirateten Frauen. Welche schmerzliche Tragik offenbart sich nicht hier! In vielen Ehen scheint es, als ob ein Teil – in der Regel ist's wieder der Mann – sich auf Kosten des anderen nährte und seinen Kräftezuwachs nur der Kräfteentziehung des andern dankte.

Ein blühender Mann ist die Ehre des Weibes, aber ein blühendes Weib die Krone des Mannes.

Wer Ehegatten sind, das sieht der erfahrene Beobachter erst, wenn er beide kennt. Die heute so erschreckend verbreitete Krankheit der Hysterie bei Männern und Frauen hat ihre sehr bestimmte körperliche Grundlage.

*

Höher noch und verborgener als die körperliche Welt steht die Empfindungswelt. Es ist schon öfter betont worden, daß das Weib dem Manne an Empfindung weit überlegen ist. Darin liegt auch seine Gefahr.

Es ist gut, zartes, richtiges Empfinden zu haben, aber nichts bringt das Weib so leicht aus Rand und Band, als ein nur geringes

Übermaß von Gefühl. Da bedarf es des Mannes, der von Haus aus viel unempfindlicher ist, um im Gleichgewicht zu bleiben. Er wird ihm eine wertvolle Ergänzung sein.

Freilich gibt es Männer genug, die gerade darauf ausgehen, das weibliche Gefühlsleben aufs höchste anzuspannen und dann meinen, diese seelische Überreizung bedeute einen Fortschritt für das Geistesleben des Einzelnen und der Menschheit.

Namentlich unter Menschen, die aufrichtig Höheres, Geistliches suchen, finden sich hier leicht Abwege. Das Göttliche, das keineswegs dasselbe ist wie das Religiöse, ist eigentlich eine Lebenskraft, die uns ebenso geistig wie körperlich hebt und belebt. In seiner Einfachheit hält es auch vor dem kühlsten Denken stand wie vor dem heißesten Empfinden. Aber viele haben nun einmal diese Gotteskraft nicht und suchen sie dann zu ersetzen, indem sie die Gefühle erhitzen und das Empfindungsleben steigern.

Für solches Tun bietet das Weib naturgemäß die weitaus größeren Angriffsflächen. Daher war von jeher die Frauenwelt der Stützpunkt aller religiöser und religionsähnlicher Gebilde, besonders solcher, die nicht verstanden, die nötige Nüchternheit zu bewahren. Gerade sie gingen oft bewußt darauf aus, mit Hilfe einer Weiberherrschaft auch die Männerwelt in ihre Netze zu bekommen. Daß es heute nicht an solchen Abwegen mannigfachster Art fehlt, ist zu bekannt, um besonders angeführt zu werden. Das Altertum, das vorchristliche sowohl als auch das christliche, kannte die gleichen Nöte. Schon Paulus hat seiner Zeit Klage über solche Kniffe geführt, weil hier unklare Gefühle mit wahrem Geiste verwechselt wurden.

In solchen Nöten bedarf das Weib dringend des eigenen Mannes, der ihm in seiner leichteren Entzündbarkeit zu Hilfe kommt. Gerade hier leistet die Ehe oft Großes und wirkt bewahrend. Das Weib ist dem Manne eine unschätzbare Gehilfin, die sein kühleres Denken erwärmt und seinen oft herben Ernst mildert, will aber ihre Empfindung überschäumen, da dämmt der Mann sie ein durch sein ganzes Wesen und hält die edle Weibeskraft zusammen. So findet auch das Weib am Manne seinen Maßstab, der ihm die rechte Zurückhaltung aufnötigt.

Auch auf seelischem Gebiete schafft die rechte Ehe Wunder der Herrlichkeit.

Die seelische Ergänzung von Mann und Weib bringt oft unbeschreiblich Rührendes zuwege. Dieses Zusammenklingen der verschiedenen Töne wirkt beglückend und schafft in den Häusern eine Traulichkeit, wie nur eine Ehe sie leisten kann.

*

Bis zu seelischer Einstimmigkeit können es heutige Ehen wohl bringen, soweit sie nicht im Kampfe ums Dasein schon untergehen. Ich habe sie in vielen Häusern des niedersten Volkslebens ebenso gefunden wie in den Palästen der Reichen und Großen.

Aber eine Ehe vermag weit mehr zu leisten. Sie ist ein Zusammenarbeiten zweier Geister, und Geister stehen unendlich hoch über den Gebieten der Empfindungswelt.

Mann und Weib ergänzen sich geistig noch viel schöner als bloß seelisch. Der rechte Mann schafft neue Werte durch sein Denken. Jedes Menschenwerk ist ein verstofflichter Gedanke, und Werke zu tun, ist Mannesdrang und Mannesaufgabe.

Das Weib ohne Mann hat in sich etwas Erhaltendes, Ausbauendes, während der Mann vorwärts drängt. Allein sobald das Weib einer starken Kraft im Geistigen begegnet, ist sie es gerade, die sie zur vollen Entfaltung ermutigt. Sie gibt oft genug den Anstoß, während der Mann langsam, aber weit gründlicher als die Anregung war, die Sache hinausführt.

Wie der Mann körperlich das Weib befruchtet und zum Schaffen ganz neuer Wesenheiten anregt in langen schweren Monaten des Unbehagens und körperlicher und seelischer Arbeitsleistung, so ist's auch häufig das Weib, das den Mann geistig befruchtet und durch hingeworfene Gedanken und Anregungen sein jahrelanges Ringen um neue Werte, sein Anspannen aller Kräfte veranlaßt. Nicht wenige große Männer verdanken den Anstoß zu ihrem besten Schaffen dem Weibe.

Es vermindert den Wert der Leistungen des Mannes nicht, wenn es ihm in seinem Schaffen unmittelbares Bedürfnis ist, irgendein weibliches Wesen als Werkgenossin zu haben, die sein Wirken immer neu anregt. Aber diese Freundin sollte die Ehefrau sein. Nur sie kann es recht sein. Schrecklich, wenn eine unglückliche Ehefrau, die des Lebens Last und Mühe mittrug und trägt, wegen geistiger Unzulänglichkeit zusehen muß, wie eine fremde Frau die eigentliche Gehilfin ihres Mannes wird! Aber andrerseits, welches unbeschreibliche Glück, wenn gerade Eheleute einander gegenseitig geistige Kräfte zuführen. Diese arbeiten miteinander und wachsen über dieser Kraftentfaltung aneinander, und solches Wachstum am inneren Menschen ist die beseligendste Seite der Ehe.

Dieser wahren Gemeinschaft des Geistes streben von Haus aus beide Ehegatten zu. Aber sie wird nur zustande kommen, wo auch der Kampf ums Dasein mutig und furchtlos aufgenommen wird, auch wenn er schwer und stürmisch verlaufen sollte.

Der Lohn für die mutige Selbstbehauptung und rechte Eingliederung beider Ehegatten ist dann eine Daseinshilfe, der nichts an Wert gleichkommt, was die Welt sonst zu bieten hat.

Auch wenn solche Ehen nur Ausnahmezustand sein sollten, würden sie den Beweis liefern, daß Mann und Weib in unendlich zarter und inniger Weise ergänzend aufeinander angelegt sind. Das ist viel tiefer und weiter als ein Eheloser ahnen kann. Diese Ehen sind aber glücklicherweise viel häufiger als die Menschen wissen. Das kommt daher, weil die glücklichen Besitzer kein Wesens davon machen.

Wo man viel von Eheglück spricht und schreibt, fehlt es in der Regel, wo es ist, da findet man gar keine Worte, hat auch kein Bedürfnis für Worte, weil man erlebt. Nur die Armut sinnt und spricht über den Reichtum, der Reichtum hat und schweigt.

Welche Worte vermöchten wohl die Herrlichkeit der Ehe wiederzugeben! Sie kann wie alles Göttliche nur verstanden werden durch Erleben. Ist's zu verwundern, wenn das Größte, was es gibt, nicht ohne weiteres da ist, sondern in jahrtausendelangem Ringen erworben werden muß? Je größer ein Gut ist, desto empfindlicher sein Mißbrauch. Wären alle Ehen der Welt unglücklich, so müßte man immer neue Ehen schließen, um die wahre herauszuarbeiten. Sie ist der Menschheit unentbehrlich, denn sie ist die wahre Hilfe im Dasein!

Dritte Menschen

Die Aufgaben, die eine Ehe stellt, sind so bedeutsame und erfordern so sehr alle Kraft der Beteiligten, daß sie nur gelöst werden können, wenn die jungen Leute sich selbst ganz allein überlassen sind.

Schon deshalb ist es wünschenswert, daß sogar Dienstboten tunlichst ausgeschlossen sind. Das ist natürlich nur möglich, wenn der Haushalt aufs einfachste begonnen wird. Alle Dingwerte reichen ja entfernt nicht heran an die Geisteswerte, die eine Ehe schaffen soll. Man darf nie vergessen, daß in jeder Ehe Lebenskeime der Menschheit verborgen liegen. Keime aber bedürfen der Verborgenheit und dürfen weder mit Händen, noch Blicken, noch Worten betastet werden, wenn sie gedeihen sollen. Sind sie erwachsen, dann kann man sein Haus weit öffnen und Lebensströme ein- und ausfließen lassen. Zum Werden gehört Stille und Abgeschlossenheit.

Es sind also alle Hausfreunde, Anverwandte und Gäste tunlichst auszuschließen, bis der Kampf ums Dasein einigermaßen zur Klärung gekommen ist. Namentlich Hausfreunden, die an dem jungen Glück mitgenießen wollen, kann nicht dringend genug geraten werden, das Glück lieber selbst zu gründen und zu erproben.

Ich würde jungen Eheleuten sogar dringend raten, sich von dem, was man Geselligkeit nennt, tunlichst zurückzuhalten, ehe sie sich miteinander befriedigend eingelebt haben. Diesen Zeitpunkt können nur sie richtig empfinden. Es sollte daher jede vernünftige Gesellschaft jungen Ehen die weitgehendste Schonzeit zubilligen, ehe sie den menschenmordenden Anspruch erhebt, sie in ihren Strudel hineinzuziehen.

Der Ehegatte ist des Gatten bester Freund, der einzige, der sein Leben für ihn opfert und steht ihm tausendmal näher als alles, was auf diesem Planeten Gesellschaft heißt. Mit der Gesellschaft zu verfallen, das ist erträglich, mit dem Ehegatten, ist's unerträglich. Darum suche man die Gesellschaft erst dann auf, wenn daheim alles klar und richtig läuft. Sonst kommt man in Gefahr, daß die fremde Gesellschaft das traute Heim zerstört oder in seiner ruhigen Entwicklung schädigt.

Ebenso sollten sich die beiderseitigen Verwandten tunlichste Zurückhaltung auferlegen. Junge Leute werden immer mit guten Ratschlägen seitens älterer Anverwandter überschüttet.

Merke: Guter Rat ist immer teuer. Ratschläge, die billig und unentgeltlich angeboten werden, sind offenbar entwertet. Warum sollst du verwerten, was kein Mensch mehr brauchen kann? Eine Ehe ist das Zusammentreffen zweier ganz eigenartiger Geister. Das ist an sich schwer genug. Aber das Dreinschwätzen dritter Leute ist unerträglich.

Unendlich viele Ehen sind schon durch die wohlmeinende Beratung dritter Menschen zerstört worden, besonders solcher, die selbst keine oder keine vernünftige Ehe geführt haben. Immer fühlen die das größte Bedürfnis, Fragen zu erörtern, die selbst Fragen nicht lösen können.

Woher stammt die Masse der Erziehungsbücher? Von Menschen, die Kinder nicht erziehen können. Wer schreibt über die Frauenfrage? Meistens Leute, die mit Frauen nicht vernünftig umzugehen verstehen. Wer verfaßt die politischen Leitartikel? Vorwiegend Menschen, von deren Rat kein Politiker sich leiten lassen wird.

Also hütet eure junge Ehe vor allen und jeden Ratschlägen. Wenn ihr aber doch nicht weiter wißt, so nehmt nur den Rat an, der teuer ist und schwer zu erlangen. Erfahrene Menschen sind in nichts so zurückhaltend, als in der Einmischung in Ehen.

Namentlich Schwiegereltern sollten der jungen Ehe ihrer Kinder fernbleiben. Sie hatten wahrhaftig Zeit genug, ihren Einfluß geltend zu machen, während die Kinder heranwuchsen. Wurden sie da nicht befriedigend fertig, so sind sie im weiteren Leben Schädlinge, die störend wirken.

*

Weit schwieriger und eine Ehe gefährdender als die Einmischung von außen ist es, wenn junge Ehen genötigt sind, dritte Menschen ganz bei sich aufzunehmen und wohnen zu lassen.

Es läßt sich das oft nicht vermeiden. Namentlich Eltern empfinden oft das Bedürfnis, bei ihren Kindern Wohnung zu nehmen. Zuweilen fordern es die Umstände des Lebens gebieterisch. Wo man es aber irgendwie anders einrichten kann, sollte es geschehen, wenigstens in den ersten Jahren der werdenden Häuslichkeit.

Am erträglichsten dabei sind Schwiegerväter, die als Witwer zuweilen bei Kindern Wohnung nehmen müssen. Sie sind in einem Alter, in dem der Mann in der Regel der Ruhe bedarf, auch keine Lust hat zur Einmischung in fremde Angelegenheiten.

Schwerer ist's schon mit der Mutter der Frau. Aber meistens freut sie sich so des erworbenen Sohnes, daß zwischen ihnen leicht ein freundliches Verhältnis erwächst. Ganz unerträglich ist die Mutter des Mannes, auch wenn sie noch so musterhaft ist. Ihr wird's eine junge Frau nie recht machen können, weil sie's anders macht. Ein alter Mensch findet sich nicht mehr in ein ungewohntes Wesen hinein.

Ich wüßte jede Ehe wenigstens zehn Jahre lang am liebsten ohne Schwiegermutter. Welche es auch sein mag, sie stärkt in dem unausbleiblichen Kampfe ums Dasein irgendeine Seite und erschwert es der andern, so daß dieser Kampf in falscher Weise zum Austrag und zuweilen lebenslang nicht zur Ruhe kommt. Es ist so unendlich wichtig, daß die zwei beteiligten Geister die rechte Stellung zueinander finden, daß auch die leiseste Einmischung Dritter störend ins Gewicht fallen muß.

In vielen Ehen stehen die jungen Leute in ihrer Unerfahrenheit den oft schweren und schmerzlichen Erlebnissen ganz rat- und hilflos gegenüber. Sie meinen dann, sie hätten keinen Ausweg, als dritte Menschen, zu denen sie freiwilliges Vertrauen haben, zu Rate zu ziehen.

Diesen möchte ich aber doch sagen: Eure Unerfahrenheit und Ratlosigkeit schadet gar nichts, das ganze Leben wird nur von Unerfahrenen angetreten und erlebt und enthält gerade die Aufgabe, den Weg aus dem Irrsal des Seins selbst zu finden.

Auch für euch ist nichts so wichtig, als daß ihr euch allein zurechtfindet. Ihr könnt's, mag's auch noch so unmöglich scheinen. Auch die erfahrensten und wohlwollendsten Menschen stecken doch nicht in euren Schuhen und, um raten zu können, müssen sie in Innerlichkeiten hineinsehen, die jedem fremden Auge um der Selbsterhaltung der Ehe willen besser entzogen bleiben.

Das soll man bedenken, ehe man so gefährliche Schritte unternimmt. Will man's aber dann doch tun, so mag man's wagen. Aus meiner Erfahrung kann ich mitteilen, daß es mir doch zuweilen möglich geworden ist, Eheleuten den Weg zueinander zu erleichtern.

Ganz drollig habe ich immer gefunden, daß das Gesetz solchen Ehen gegenüber, die verkrachen wollen und schon staatliche Hilfe zur Lösung anrufen, noch einen feierlichen Sühneversuch vor dem Geistlichen verordnet.

Eine Ehe, die zum behördlichen Sühneversuch gelangt, ist schon verloren. Ich zweifle nicht, daß in edelster und aufopferndster Weise den jungen Leuten zugesprochen wird. Aber was vermag eine Stunde, auch wenn es eine Stunde tiefster Rührung ist, gegen das erbarmungslose Beisammensein Tag und Nacht, das die Gegensätze immer wieder aufs schärfste herausstellt!

Weder behördlich angeordnete noch freiwillige Sühneversuche vor dritten Leuten vermögen zerspringende Ehen zusammenzuleimen. Wenn's die Geister der zwei nicht selbst vermögen, kann ihnen niemand helfen.

Zur Steuer der Wahrheit muß ich übrigens sagen, daß es in ganz einfachen Verhältnissen doch zuweilen gelingt, eheliches Unheil zu beschwören. Hatten wir da einen alten Oberschulzen, der in der guten alten Zeit noch mit mancherlei Vorrechten ausgestattet war, die ihm eine neuere entzogen hat. Wenn bei dem Sühnetermin war, pflegte er die jungen Leute schweigend anzusehen. Dann sagte er: Ihr könnt euch also nicht vertragen? »Nein.« Nun dann muß ich versuchen, euch auszusöhnen. Dann saßen die zwei bei Wasser und Brot 24 Stunden lang beisammen. Darauf neues Verhör. »Wollt ihr euch nun vertragen?« Im Verneinungsfalle neues Sitzen bis zu 72 Stunden. Der Wackere berichtete gelegentlich, er könne sich eines Mißerfolges kaum entsinnen. Meistens sähen die Leute schon nach 24 Stunden nicht ein, warum sie eingesperrt sein sollten, statt in der Freiheit herumzulaufen und vertrügen sich. In diesem Falle wurden sie ohne weiteres befreit. Es kam aber bald eine Rechnung, die behördlich eingezogen wurde. Mit ungelenken markigen Schriftzügen stand darauf: »For einen Sienefersuch 5 Rubel.«

Das war gut in der alten Zeit. Die Ehe heute würde diese Weise schwer ertragen. Sie ist zarter geworden, und das ist auch gut. Jeder Eingreifende verschiebt die Bedingungen im Kampfe ums Dasein. Wenn dieser Vorgang nicht richtig verläuft, verkümmert das Ganze.

Soviel ist ganz gewiß, daß der Ehegatte dem Ehegatten die zuverlässigste Stütze im Leben ist. Vielleicht ist die Liebe nicht so groß, aber die Vorteile beider sind die gleichen. Wer den Ehegatten schädigt, schädigt sich selbst und umgekehrt. Keinem Menschen auf der ganzen Welt ist unsere gegenseitige Verständigung so ein Glück wie uns selbst. Im Vergleiche mit dem Ehegatten ist jeder dritte Mensch ein Fremder, der besser ausgeschaltet wäre, jedenfalls nicht ohne reiflichste Erwägung zuzuziehen ist. Wer also seine Ehe und sein Leben erhalten will, der schließe aufs sorgfältigste alle dritten Leute aus.

Die Einsamkeit zu Zweien

Etwas leistet die Ehe nicht, was viele von ihr erwarten, worin viele den eigentlichen Zweck der Ehe sehen. Sie vermag nicht, aus zwei Geistern eine neue in sich geschlossene Einheit zu schaffen.

Immer bleiben es zwei Geister, die sich zusammenfanden. Sie können sich in Vielem ergänzen, aber nie zu Einem verschmelzen. Daran allein sieht man, daß jede Ehe nur auf Zeit geschlossen ist und keine Bedeutung für die Ewigkeit hat.

Wenn man jung ist, hat man im Überwallen der Gefühle den Wunsch und den Eindruck der Möglichkeit, restlos ineinander aufzugehen, aus zweien einer zu werden. Das ist aber unmöglich. Sogar die Bibel verspricht uns bloß, daß die zwei Ein Fleisch sein werden, aber nicht Ein Geist.

Auch wenn wir unser Inneres so weit öffnen als irgend möglich und den andern die weitgehendsten Einblicke tun lassen, im tiefsten Wesen sind wir doch unerschließbar, und unser Eigenes können wir mit niemand teilen.

Es gibt Menschen, die sind so leer und seicht, daß man meint, sie auf einen Blick zu ergründen. Das ist aber nur scheinbar. Bei solchen ist die eigentliche Tiefe noch nicht erschlossen. Ich war einmal im Kaukasus in einer eigenartigen Felsenhöhlung. Darin war ein mächtig großer, schwefelgelber See. Handhoch stand das Wasser über dichten gelben Schwefelmassen. Mir schien das Ganze nicht sehr wunderbar, und ich wandte mich zum Gehen. Da sagte jemand zu mir: Wissen Sie auch, daß der See unermeßlich tief ist? Noch nie ist es gelungen, einen Grund in diesem flachen Wasser zu finden.

So ist der Mensch. Nie wird man seine letzte Grenze finden. Auch bei den Beschränktesten nicht. Das ist gut so. Viele würden ihr Bestes verschenken oder darum betrogen werden, und ihr Sein würde vernichtet.

Das ist alles unmöglich. Was auch immer der Mensch verlieren kann, und wenn es auch sein ganzes Sein auf diesem Stern in Frage stellt, es ist doch nur unbedeutend im Vergleich zu unserem unnahbaren tiefsten Wesen. Kein Mensch kann an irgend einen andern seinen letzten Wert verlieren, selbst nicht, wenn er möchte. Der Mensch ist so unberührbar, daß auch der Liebste nicht an ihn reichen kann.

Die Verschmelzung zweier Geister erscheint unserem Denken als höchste Wonne des Lebens. Aber gerade sie bleibt uns ewig versagt. In jungfräulicher Ferne bleibt Geist vom Geiste, wie die Sterne, die sich nie berühren.

Die Ehe ist ein Doppelgestirn, aber unermeßliche Fernen liegen zwischen den Strahlkörpern.

Daraus folgt, daß keiner des andern Eigentum werden kann. Niemand, auch der Ehegatte nicht, hat Eigentumsrechte über den andern. Wo sie wirklich geltend gemacht werden sollten, treffen sie nur eine unwesentliche Äußerlichkeit.

Ehegatten sind ebenso wie die Kinder, wie alle Menschen völlig freie, gleichwertige, aber verschieden geartete, von einander ganz unabhängige Geister.

Das mag auch ein Trost sein für eifersüchtige Ehefrauen. Ihre Gatten, über deren Eigentumsrecht sie so ängstlich wachen, können niemals andern angehören. Aber freilich ihnen selbst auch nicht. Sie werden aus naturgeschichtlichen Gründen ihr Eigentumsrecht niemals ausüben können. Darum ist's besser, alle eifersüchtigen Regungen lieber gutwillig zu unterdrücken. Wer gegen die Natur angeht, zerreibt sich selbst.

Es soll das auch ein Trost sein für zertretene Menschen. Euer Bestes hat euch niemand zu rauben vermocht, und euer tiefstes Sein ist ein unveräußerliches und unschätzbares Kleinod, ein Lebensborn, der so tief er verschüttet sein mag, dennoch so unerschöpflich ist, daß er allen aufgeschütteten Unrat wegzuschwemmen vermag. In einer schutzlosen Welt ist ein Geisterschutz errichtet, der unüberschreitbar, unzerstörbar ist.»Ihr seid Götter« sagt einmal bedeutsam die Bibel. Diese Wahrheit ist unerschütterlich, aber auch unerschöpflich.

Natürlich hat sie auch ihr Unbequemes. Die Wahrheit ist nie bequem, immer furchtbar ernst. Die Unverschmelzbarkeit der Ehegatten ist Anlaß und dauernde Ursache im Kampfe ums Dasein.

Die meisten wissen ja nicht, um was sie kämpfen, und was sie quält. Nur wenigen geht überhaupt die Wahrheit darüber auf, und denen sie aufgeht, die haben ihre ganze Bitterkeit an ihrem eigenen Sein erprobt. Umsonst ist nichts in der Welt, am wenigsten eine Erkenntnis.

Der Kampf ums Dasein ist weiter nichts als der Kräfteausgleich der Geister, der um so heftiger sein wird, je reicher sie sind. Aber nie, in Ewigkeit nicht können zwei ein neues Gebilde werden. Sie bleiben ewig unvermischt, können nur zeitlich an einander gepaßt werden. Eins sein im Geiste hebt nie die Verschiedenheit auf, sondern vertieft sie.

*

Die wahre Ehe ist ein freiwilliger Verzicht aufeinander. Wer den andern für sich zu fesseln trachtet, wird ihn um so gewisser verlieren, wer ihn fortwährend freigibt, wird ihn fürs Leben gewinnen.

Die meistens natürlich unbewußte Dankbarkeit der Geister, die ihre Hoheitsrechte von andern geachtet fühlen, erzeugt mit der Zeit die tiefe eheliche Liebe, mit der die Glut der ersten Berauschung nie verglichen werden kann. Sie ist tiefer, inniger, unvergänglich. Wenn Eheleute sich oft und lange oder überhaupt nicht verstehen können, so brauchen sie nicht zu denken, daß eine andere Verbindung für sie besser wäre. Nirgends werden sie finden, was sie für sich ersehnen, Besitz des andern. Das beste Mittel, zerspringende Ehen zu heilen, sind nicht Auseinandersetzungen oder gar Sühneversuche, sonder die eigenen ernsten Bemühungen, das Wohl des andern zu suchen und seine Hoheit zu achten. Unzuträglichkeiten sind meistens die Folge von Gebietsüberschreitungen.

Die Ehe ist und bleibt unsere ernsteste und schwierigste, aber auch köstlichste Lebensaufgabe. Die drolligsten Menschen sind diejenigen, die nach außen wirken wollen, die Menschen zu bessern und zu bekehren und mit dem eigenen Ehegatten nicht fertig werden.

Die Ehe hebt also die tiefe Einsamkeit der Geister nicht auf. Sie bringt sie zum Bewußtsein und vertieft unsere Erkenntnis der Wahrheit.

*

Schon deshalb ist es gut, sich nicht allzusehr aneinander zu klammern, weil ja kein Mensch weiß, ob nicht der Tod die Ehe löst. Manche Menschen kommen dann über den Tod des Ehegatten einfach nicht hinweg. Das ist immer ein Zeichen, daß ihre Stellung zu einander falsch war. Sie verstanden nicht die Einsamkeit in der Gemeinsamkeit.

So schmerzlich vielen es sein mag, sollte doch die Frage uns immer beschäftigen: Was werde ich tun, wenn ich allein bleiben sollte? Und die andere: Was wird mein Gatte tun, wenn er allein bleibt?

Wer so fragt, wird immer seine inneren, aber auch äußeren Angelegenheiten in Ordnung zu halten suchen. Solchen wird's nicht geschehen, daß sie etwa ohne Testament oder irgendwelche äußere Fürsorge sterben und die Familie in innerer und äußerer Ratlosigkeit zurücklassen. Wer das tut, hat eine große Hauptsache nicht verstanden. Solche Versehen können den Tod überaus bitter machen.

Zwei Geister können nie verschmelzen. Daraus folgt auch, daß jemand, der das Unglück hat, durch den Tod seinen Ehegatten zu verlieren, voll berechtigt ist, ohne weiteres an eine neue Ehe zu denken.

Eine Treue über das Grab hinaus kann unter Umständen sehr gefährlich werden. Eine Verpflichtung dazu, von welcher Seite und in welcher Form sie kommen mag, ist geradezu verwerflich. Ich halte es z. B. für schändlich, wenn das Eingehen einer neuen Ehe mit Vermögensnachteilen aus der alten testamentlich geahndet wird. Will jemand aus innerem Müssen heraus, äußerlich ganz ungezwungen, keine neue Ehe eingehen, den soll man ehren und jedenfalls unbehelligt lassen. Ich aber sage solchen, und ich weiß, warum ich's tue: Hütet euch, daß ihr über eurem Toten nicht die Lebendigen verliert. Dem Toten könnt ihr nicht helfen durch eure Haltung, euch selbst aber schwer schaden und euren Nächsten leicht schweres Unrecht tun.

Das Andenken des entschlafenen Ehegatten kann ja nie verwischt werden durch eine neue Eheschließung. Der neue Ehegatte wird nie im gleichen Verhältnis zu uns stehen, wie der entschlafene, sondern in einem grundanderen, weil alle Geister verschieden sind. Er wird so wenig mit uns verschmelzen, wie der erste.

Ich habe daher niemals die tiefe Entrüstung begreifen können, mit der in gewissen Kreisen Verwandter und Bekannter jede folgende Eheschließung begleitet wird und verstehe auch nicht, weshalb jahrelange Pausen verlangt werden für Dinge, die auch ohne Pause gar nicht anders werden können, als die Natur vorschreibt. Alle so tief Entrüsteten verstehen schlechthin den Menschen nicht, die Ehe noch weniger.

Vielleicht dient ihnen zum Nachdenken eine kleine Erfahrung, die ich oft gemacht habe. Wir hatten in Rußland die verständliche gesetzliche Bestimmung, daß einem Witwer nicht unter sechs Wochen, einer Witwe nicht unter neun Monaten ein neues Aufgebot zur Wiederverehelichung zu gestatten sei. Aber viele Witwer baten flehentlich, man möge ihnen doch diese lange Wartezeit von sechs Wochen verkürzen. Es geschah auch. Die bäuerliche Wirtschaft machte es so nötig. Wer einer neuen Eheschließung bedarf, den sollte man nicht hindern.

Es ist ohnehin ein Unglück, an eine neue Ehe herantreten zu müssen, um so mehr sollte man dem Betroffenen in herzlicher Teilnahme die Sache erleichtern und ihm Reife genug zutrauen, daß er nach eigenem Ermessen handeln kann, wie es seine Verhältnisse für ihn erfordern.

Wie ein Verwitweter sich zu einer neuen Eheschließung stellt, das geht keinen Menschen etwas an als ihn allein. Sein Leid hat ihn genug gereift, daß er seine Entschließungen selbst treffen kann. Wer aber nicht wieder heiraten kann oder will, der bleibe auch unbeschwert. Es kommen da so viel Umstände in Betracht, daß kein Außenstehender ein rechtes Urteil hat, am wenigsten eine geschwätzige Verwandtschaft.

Sobald unter den Menschen einigermaßen die Grundzüge der Naturgeschichte der Geister klar werden, wird man auch die Ehe richtig verstehen lernen. Noch ist uns ja das Wesentliche verborgen, denn wir stehen erst am Anfang in der Entwicklung der Geister. Darum fehlt uns auch noch die wahre Ehe und wird einstweilen sehr dürftig, wenn auch mit vollem Rechte durch die Zwangsehe ersetzt. Aber wenn uns hier einmal die rechte Wahrheit aufgeht, wird auch die Zahl der wahren Ehen in erfreulicher und erquickender Weise zunehmen.

Die Ehe ist ein Lebensquell der Menschheit nicht nur leiblich. Ob sie auch nur für die Zeit geschlossen wird, so eröffnet sie doch den Zutritt zu ewigen Wahrheiten.

Die Familie

Vom Naturboden der Ehe

Jede Ehe, die im richtigen Lebensalter eingegangen wird, soll als Zweck ins Auge fassen, einem kommenden Geschlecht das Leben zu geben und Kinder zu erzeugen. So wenig die Ehe in der Kinderzucht aufgeht, und so wenig sie eine bloße Gebäranstalt ist und sein soll, so wenig hat sie von Hause aus das Recht, die Weiterpflanzung des Lebens willkürlich auszuschließen.

Demnach ist eine sehr wichtige Seite, ich möchte es nennen ihre Grundlage im Körperlichen, das Geschlechtsleben.

Der gewaltigen Urkraft des Geschlechtstriebes verdankt die Ehe überhaupt ihr Dasein, ohne ihn wäre sie nicht.

Im Geschlechtstrieb versinnlicht sich die Schöpferkraft, die dem Menschen innewohnt. Er ist eins der Besitztümer, die man nicht hoch genug stellen kann. Unter keinen Umständen darf man sich seiner schämen. Er ist wichtiger, als die meisten ahnen und darf nicht verachtet werden.

Was wäre die Menschheit ohne Feuer! Nun, noch viel weniger wäre der Einzelne ohne Geschlechtstrieb.

Vor allem hängt der Geschlechtstrieb aufs engste zusammen mit der Arbeitsfähigkeit des Menschen. Nach dem, was ich unter Menschen gesehen habe – und ich habe viel gesehen – haben gerade die leistungsfähigsten Menschen den stärksten Geschlechtstrieb.

Ferner hängen mit ihm alle Regungen des Gemütes aufs engste zusammen: Die Lebensfreude, die Liebe, der Sinn für Schönheit, die Gemütstiefe, überhaupt alles wird befruchtet durch diesen Kanal der Sinnlichkeit. Die großen Fortschritte, die die Menschheit gemacht hat, nicht nur in der Entwicklung der Werktätigkeit, sondern auch in der Erschließung der Gebiete von Seele und Geist, sind ihr durch Menschen geworden, in denen der Geschlechtstrieb überaus mächtig war.

Aber wohlgemerkt, nicht die Ausübung des Triebes war es, sondern sein Dasein an sich!

So ernst dieses Gottesgeschenk des Geschlechtstriebes ist, für das wir gar nicht dankbar genug sein können, so ernst will es auch gehandhabt sein, so schrecklich sind auch die Wirkungen seines Mißbrauchs. Die elektrische Kraft leuchtet uns, wärmt uns und arbeitet für uns, sie vermag uns aber auch in einem Augenblicke zu lähmen oder zu töten, je nach ihrem Gebrauch oder Mißbrauch. Denn sie ist eine Gotteskraft.

Die Geschlechtskraft ist's erst recht. Sie ist unsere heilige Lebenskraft.

Menschen, die mit wenig Kraftaufwand ihrer Triebe allewege Herr werden, haben durchaus keine Ursache, ihre stärker angefochtenen Nebenmenschen um ihrer Überglut willen zu verachten.

Mir ist es überhaupt mehr als fraglich geworden, ob es berechtigt ist, den Geschlechtstrieb und seine Äußerungen zur Achse der Sittlichkeit zu machen. Sittlichkeit ist ein viel umfassenderes Gebiet als geschlechtliche Reinheit. Sie ist menschliche Wahrheit.

Es ist mir tiefes Bedürfnis, das einmal öffentlich auszusprechen, weil hier unendlich viel trostlose Gebundenheit liegt, die um so stärker ist, als sie sich nicht auszusprechen wagt. Denn das hat die sogenannte gute Sitte fertig gebracht, daß wir uns auf geschlechtlichem Gebiet in einer solchen Fülle von Heuchelei und heimlicher Verzweiflung befinden, daß viele nicht aus noch ein wissen.

Es sollte aber väterlich denkende Menschen geben, die alles hören und alles verzeihen können und dann immer noch einen Rat wissen. Mit denen jeder Angefochtene offen reden kann.

*

Daß wir dem Geschlechtstrieb nicht ohne Wahl und Überlegung nachgeben, sondern daß die Sitte ihn ausschließlich in die Ehe gewiesen hat, das hat seine tiefen Ursachen, die mit der Fortbildung der Menschen zu reinen Geistwesen im engsten Zusammenhang stehen.

Die Ausübung des Geschlechtstriebes erfordert den denkbar größten Aufwand körperlicher und seelischer Kräfte.

Demnach ist es Vorzug gesitteter Völler, die geschlechtsreife Jugend anzuweisen, den großen Trieb vorerst zu bändigen. Nicht etwa, weil man ihr seine Herrlichkeit mißgönnte, sondern weil seine Bändigung, die im ersten Jahrzehnt nach seinem Erwachen recht wohl möglich ist, einmal ein Ansammeln von Lebenskraft bedeutet, von der wir nie genug haben können zur Lösung unserer schweren Lebensaufgabe, sodann aber, weil geschlechtliche Enthaltsamkeit vor der Ehe eine ganz kostbare Freiheit und Unabhängigkeit von Menschen schafft, deren sich der nicht Enthaltsame begibt und dadurch einer kostbaren Hilfe im Vorwärtsstreben beraubt wird. Wahre Freiheit ruht allewege auf Selbstzucht.

Es ist aber für jeden Menschen wünschenswert, zur rechten Zeit zur Ausübung dieses Triebes zu gelangen oder, wie es heute Wirklichkeit ist, eine Ehe eingehen zu können.

Es soll aber niemand glauben, daß die Ehe ein Gebiet schrankenloser Betätigung des Geschlechtstriebes darstellt. Mit der Ausübung der höchsten Menschenrechte hört keineswegs die Verpflichtung zur Selbstzucht auf. Wer das nicht vor der Ehe weiß, dürfte in der Ehe oft schwer enttäuscht werden.

»Seid fruchtbar und mehret euch und macht euch die Erde untertan« ist ein ewiges Naturgesetz für den Menschen. Untertan machen aber bedeutet, alle Kräfte so in die Gewalt zu bekommen, daß wir die Herrscher, nicht die Beherrschten, sind, also auch diese gewaltige Urkraft zu meistern.

Die Natur redet hier eine deutliche Sprache. Man kann sie aber mißverstehen und mißachten und wer das tut, wird schwere Not erleiden.

Hier mag einstweilen nur folgendes stehen. Wer näheres zu wissen wünscht, findet heute in der Ärztewelt treffliche Ratgeber, die sich in Wort und Schrift jederzeit zu weitestgehender Aufklärung bereit gezeigt haben.

Das Weib hat doppelte Zeiten, in denen es der Schonung bedarf. Die eine hängt mit dem Mondwechsel zusammen, die andere, längere, mit dem Werden des folgenden Geschlechts. Es sollte kein Mann in eine Ehe treten, ohne sich aufs genaueste darüber klar zu werden.

In dem Maße, als der Ehemann sich hier beraten läßt und Selbstzucht zu üben fähig wird, kann das oft lästige Eingreifen des Frauenarztes entbehrlich gemacht werden. Wie das Weib gewiß des Mannes bester Arzt ist, so ist auch umgekehrt der Mann der beste Beschützer seines Weibes, wenn er sie schont, und beider pflegende Bemühungen werden erhöht, wenn sie getragen sind von der Liebe.

Andererseits darf auch das Weib nie vergessen, daß es dem Manne viel Entgegenkommen schuldet. Ihm ist die Zurückhaltung von der Natur weit schwerer gemacht als dem Weibe. Daher sollen beide natürliche Rechte und Pflichten aufs ernsteste erwägen und beachten.

Für alle, denen aus irgendeinem Grunde Enthaltsamkeit dauernd oder vorübergehend anzuraten ist, möchte ich hier ein sehr großes Hilfsmittel angeben, das der Beachtung dringend wert ist.

Das große Hilfsmittel ist dieses. Wir müssen eine Macht gewinnen, die stärker ist als die bloße geschlechtliche Kraftentfaltung. Ich weiß gut, wie unermeßlich groß diese ist. Aber schließlich äußert sich das Geschlechtliche im Stoff. Das Ich ruht im Geist. Will man dem Geist Macht geben über den Stoff, so muß man ihm Geistesnahrung zuführen. *Wir müssen uns erfüllen mit Gedanken des Geistes.*

Es ist nur eine dürftige Viertelswahrheit, daß Gedanken zollfrei sind. Die wirkliche Wahrheit ist, *daß jeder Gedanke von seinem Träger einen Zoll erhebt.* Er prägt sich in seinem Gehirnstoff ein und bohrt sich dort gleichsam eine winzige Bahn. Der Nachfolger wird geneigt sein, der Bahn des ersten zu folgen, und so treten sie schließlich eine breite Fährte ein. Das bedeutet, daß unsere gesamte Innenwelt abhängig ist von den Gedanken, die wir bei uns beherbergen.

Man sieht also, daß keinem Menschen von außen her zu helfen ist. Was für Gedanken einer zollpflichtig ist, die werden sein Leben regieren. Im allgemeinen haben die Menschen sich selbst in der Hand.

Wer rein, wer frei sein will, kann es nur durch Ein Mittel: *durch Beherrschung seiner Gedankenwelt.* Und darüber hat nur ein einziger zu verfügen: der Mensch selbst. Wie er verfügen *soll*, darüber kann man ihm raten, wie er wirklich *verfügt*, das hängt einzig von ihm ab. Niemand ist des anderen mächtig. Wir sind alle Majestäten.

*

Ob das geschlechtliche Zusammenleben der Ehegatten den gewünschten Erfolg einer Befruchtung gehabt hat, mag der Laie erkennen an nicht mißzuverstehenden Erscheinungen am Körper des Weibes, die in der Regel schon am Ende des ersten Monats bemerklich werden.

In den folgenden acht Monaten möge auf die werdende Mutter alle Liebe und Schonung gehäuft werden, deren ein Mann irgend fähig ist. Meine Mutter sagte einmal zu mir: Du kannst dir nicht vorstellen, was eine Frau in gesegneten Umständen körperlich und seelisch für Nöte durchzukämpfen hat. Darum sagt der Volksmund in tiefem Verstehen einer großen Wahrheit von der Geburt: Sie ist eine Genesung.

Wer in diesen Monaten sein Weib mit aller Schonung behandelt, auf die eine Kranke Anspruch hat, wird sich die doppelte Liebe und Pflege der Genesenen erwerben. Eine Kranke hat selbstverständlich den Anspruch, daß ihr alle Unliebenswürdigkeit und Launenhaftigkeit verziehen wird.

Andrerseits ist auch dem Weibe möglichste Selbstzucht anzuraten, denn leider hat die Natur den Mann, besonders den lebhaft empfindenden, nur mit einer kleinen Geduld ausgestattet.

Aber, ihr werdenden Eltern, laßt mutig alles Schwere über euch ergehen! Euch steht ein Glück bevor, dem in der Welt der Lebendigen nichts an die Seite zu stellen ist.

Das Kind

Das erste Kind kommt in der Regel lange, ehe die ehelichen Werdenöte überwunden sind, und sein Werden an sich erleichtert sie keineswegs.

Ist es erst da, so bringt es ja unendliche Freude und Liebe mit, aber auch Mühe, die man sich vorher nicht vorgestellt hat. Allerlei Gestalten treten mit dem Kinde in das junge Hauswesen. Nicht immer die wohltuendsten.

Kinder vermögen vorhandene Risse in der Ehe zu schließen, aber auch nicht vorhandene zu öffnen. Die Natur waltet hier wunderbar.

Die jungen Leute, die sich ehelich finden, meinen miteinander zu verschmelzen. Aber statt Eins zu werden, zerfallen sie in drei und viele.

Unvermerkt aber gibt das Kind vielen Einflüssen in der Ehe eine andere Richtung. Die Aufmerksamkeit, die früher ungeteilt aufeinander gerichtet war, erfährt eine meist heilsame Ablenkung und bezieht ein neues Wesen mit ein.

Es ist auch etwas ganz Großes, ein Kind werden und erstehen zu sehen. In Worte fassen läßt sich's nicht, verstehen auch nicht, aber das Erleben ist so unendlich beglückend, demütigend und erhebend zugleich, daß sich ihm nichts an die Seite stellen läßt. Die tiefsten Fragen der Menschheit, der Welt und Gottes finden im Kinde ihre stoffliche Darstellung.

Niemand weiß zu sagen, wer ein Kind, was ein Mensch ist. Aber von ferne ahnen wir ein tiefes, heiliges Geheimnis, indem wir ein eigenes Kind erleben.

Aber was kein Mensch sagen kann, das erleben Vater und Mutter im Kinde. Von da ab vertieft sich in uns eine heimliche Weisheit immer mehr, und je älter wir werden, um so staunender werden wir inne, daß wir Zeugen eines Geheimnisses wurden, das sich allen Erklärungen zu entziehen, aber dem einfachsten Menschen bald mehr, bald weniger zu offenbaren weiß, je nach dem Maße von Offenheit, das er ihm entgegenbringt, nicht aber nach dem Maße seiner philosophischen Gelehrsamkeit.

Es kann nicht anders sein, als daß diese wunderbaren Erlebnisse auf die Eheleute den stärksten Eindruck hervorbringen.

Zuerst auf die Mutter, deren Innenwelt schon lange erfüllt ist von der Vertrautheit mit dem Bevorstehenden. Wenn sie dann ihr Geheimnis dem oft ahnungslosen Gatten erklärt, kommen wohl auch in eine junge Ehe Augenblicke, in denen sich die unaussprechliche Seligkeit des Füreinanderseins dem staunenden Auge enthüllt und oft über die schwierigsten Werdenöte hinweghilft.

Aber immerhin geht's der Mutter tiefer als dem Vater. Es gibt unter den richtig empfindenden Frauen zwei oft recht deutlich zu unterscheidende Ordnungen, deren Unterschied auf natürlicher

Veranlagung beruht. Bei den einen überwiegt die Sehnsucht nach dem Kinde, bei den andern die nach dem Manne.

Das ist eine natürliche Anlage, die man vorher oft nicht erkennen kann, die aber zuweilen durch ihre Schärfe bemühend werden kann, falls sie nicht in rechte Zucht genommen wird.

Ich kenne Frauen, denen der Mann ganz Nebensache ist. Sie gaben sich dem Nächstbesten, um Mutter durch ihn zu werden. Traurig ist es, wenn solche Ehen kinderlos bleiben. In diesem Falle müssen sie freilich unglücklich werden, wenn sie nicht durch besondere Selbstbeherrschung veredelt und vertieft werden.

Es gibt aber auch Frauen, die vorwiegend den Mann wollen. Diese haben sehr Schweres durchzumachen, wenn Kinder werden. In der Regel werden solche von Kindern geradezu verfolgt. Das ist einmal so im Leben. Das Leben ist keine bloße Zufallsmacht. Ein heiliges, wohlwollendes Lachen schwebt darüber. Jedes neue Kind lenkt dann natürlich durch die Arbeit und Sorge, die es mehr verursacht, immer weiter ab von dem eigentlichen Sehnsuchtsziele des Weibes. Solche Ehen gehen durch schwere innere und äußere Nöte. Das schadet aber nichts. Kein Mensch sollte sich vor Nöten fürchten, sondern nur mutig hindurchgehen. Es gibt keine Not, mit der der Mensch nicht fertig werden könnte. Jede Not ist zeitlich, der Mensch ist ein ewiger Geist.

Daneben gibt's natürlich auch Frauen, die weder Mann noch Kinder wollen. Von solchen sollte man sich baldmöglichst scheiden. Ich würde bei aller Ehrfurcht vor der Unlöslichkeit der Ehe ohne weiteres dieses Wesen als völlig ausreichende Scheidungsursache anerkennen. Das Gesetz kennt sie nicht. Die Stimme der Natur ist aber mächtiger als die des Gesetzes.

Ganz entsprechend gibt's auch Männer. Nur ist's bei den Männern in der Regel nicht so tief einschneidend, weil ihre Empfindungswelt eine andere ist als die weibliche.

Man kann, ehe ein Kind da ist, nie genau bestimmen, wie die Naturen der Eheleute hierin gerichtet sind. Sie wissen's auch selbst nicht. Zum richtigen Glück ist aber nicht erforderlich, daß beide Ehegatten gleichgerichtet sind.

Wahrhaft glückliche Ehen sind nicht ohne weiteres die glatt verlaufenden, sondern nur die, in denen alle Schwierigkeiten überwunden werden. Je mehr ihrer waren, desto größer und inniger wird das erworbene Glück, und dieses ist doch das einzige menschenwürdige, weil es erarbeitet ist.

Natürlich gilt auch für die Frau, daß sie von einem Manne, der weder für sie selbst noch für sein Kind Sinn hat, möglichst bald loszukommen berechtigt ist.

Kinder werden natürlich am besten gedeihen, wo mindestens einer der Ehegatten wirklich die Kinder will. Aber sehr viele Eltern, die eigentlich mehr einander wollen, lassen gerade deshalb doppelte Pflege und Aufmerksamkeit auf die Kinder gehen, wie um den doch empfundenen Mangel zu ersetzen. Das ist recht. Der Mangel ist Naturanlage, für die die Leute nicht verantwortlich gemacht werden können. Wir haben aber die Pflicht, solche Schroffheiten des Seins durch unser ernstes Eintreten auszugleichen oder zu mildern.

Ob Kinder nicht auf die Dauer den Mangel empfinden werden? Eine Ehe ist ein Wahrheitsboden, auf dem nichts verborgen bleibt. Mit keiner Pflege und Sorgfalt kann man sich von der Liebe, nach der Kinder mit triebmäßigem Ungestüm verlangen, loskaufen.

Aber wenn Kindern einmal die Augen aufgehen über ihrer Eltern Wesen, und ihr gerechtes Urteil gefällt werden wird, dann werden sie voll Dankbarkeit und Anerkennung sein, daß die Eltern taten, was sie *konnten*.

Glücklicherweise treffen in Ehen in der Regel verschieden gerichtete Geister zusammen. So sorgt die Natur für die Kinder, die ihr natürlich der Hauptgegenstand der Fürsorge sind. Weil so verschiedenartige Geister in der Regel die Ehe schließen, ist der Anschein des Glückes zunächst nicht überwältigend. Das schadet aber nichts. Kinder gedeihen oft besser dabei, und wo Kinder gedeihen, erwächst allmählich trotz mancher Unstimmigkeiten doch ein echtes Glück.

Lange ehe ein aufgeklärtes Jahrhundert über Kinderschutz Bücher schrieb, schuf ihn die Natur und arbeitete unausgesetzt an seiner Verwirklichung. Wenn die Natur ein Wort redet, wird's immer Fleisch. Nur wo es die Menschen allein tun, wird's leicht bloß Tinte.

Um der Kinder willen ist die Einehe geradezu unentbehrlich. Kinder bedürfen zum Aufwachsen Vater und Mutter zugleich. Das zeigt ein einziger Blick auf Haremskinder, die eigentlich alle vaterlos sind.

Es war daher ein geschichtlich berechtigter und für den Fortschritt der Menschheit notwendiger Durchgang, daß die Zwangsehe wurde und mit ihr die einzige Möglichkeit für den Mann, gesetzlich berechtigte Nachkommen zu erhalten. Diese Zwangsehe ist ja unter unsagbaren Härten, besonders für die Kinderwelt durchgesetzt worden, aber sie war fortschritt-geschichtliche Notwendigkeit, ein ABC, das gelernt werden mußte.

Selbstverständlich ist sie nur ein Übergang. Es ist ebenso berechtigt, daß ein klares bewußtes Zeitalter mit aller Macht daran arbeitet, diese rohen Härten zu beseitigen und neue, befreiende Wahrheit schafft.

Die Zwangsehe hat für die Kinderwelt das Gute, daß sie ihr, wenn auch zwangsweise, Vater und Mutter zugleich gab, daß Schwere, geradezu Vergiftende, daß widerwillig Zusammengeschmiedete ihr Haus zum Schlachtfeld ihrer Bitterkeit machen können. Die wahre Ehe wird einmal tägliches, freies Geschenk der Ehegatten aneinander sein, das in unlöschlicher Liebe und Freude geboten wird. Das wird erst der richtige Nährboden sein, auf dem ein ganz neues Kindergeschlecht erwachsen kann.

Große, sehr große Arbeiten harren noch der Lösung durch die Menschheit. Wir fangen an, sie zu verstehen. Das ist der erste Schritt zu ihrer befriedigenden Lösung. Es ist kein Zweifel, die Menschheit wird sie lösen.

Die Ehe als Arbeit

Wollte man einmal die Lebensleistungen der Menschen gegeneinander abwägen und auf ihren eigentlichen Wert untersuchen, so würde man finden, daß bei vielen der eigentliche Lebenswert in ihrer Ehe steckt. Für den Mann ist die Ehe mindestens der Rahmen, in dem seine Lebensarbeit sich vollzieht.

Von welch wesentlicher Bedeutung eine Frau für die Arbeit des Mannes ist, wurde schon erörtert. Sie vermag sie ganz zu zerstören oder so zu unterstützen, daß sich schwer sagen läßt, wo das Verdienst des einen anfängt und des andern aufhört. Entweder zerbricht die Ehe das Leben, beider Leben, oder sie baut es aus, mindestens bis zu einer erträglichen Daseinsform, oft zu etwas ganz Herrlichem.

Man kann dabei niemals genau und gerecht den Anteil abwägen, den jeder der Ehegatten hat. So sehr ist alles gemeinsame Arbeit. Mag auch das Arbeitsfeld der Gatten verschieden sein, das Ergebnis, auf welchem Gebiete es sei, gehört beiden gleichmäßig.

Unstreitig gehört der Frau der Dienst im Innern, im Hause, dem Manne die auswärtigen Angelegenheiten. Versteht die Frau das Haus zur Stätte des Friedens und der Erquickung zu gestalten, so hat sie damit die Kräfte geschaffen, mit denen der Mann sein Arbeitsfeld bebauen kann. Stellt umgekehrt der Ehegatte im äußern Beruf nicht seinen Mann, so entzieht er der Frau die Möglichkeit, das Heim behaglich auszugestalten.

Jeder Aufwand, den ein Ehegatte für sich macht, wirkt zerstörend, alles Geld, das dem Hause zugute kommt, wirkt aufbauend. Wer also sein Geld ins Wirtshaus oder ins Modewarenhaus trägt, mindert die Behaglichkeit der Ehe und folglich des Lebens, sobald er das Maß des leicht Entbehrlichen überschreitet. Wo eine Mark für das Hauswesen Bedeutung hat, sollte alles abgestellt werden, was nicht beiden Ehegatten gleichmäßig zugute kommt, denn es bedeutet einseitig verwendete Minderung der ehelichen Arbeitsleistung.

Ich war mit einem Manne befreundet, der durch fleißige und geschickte Arbeit ein großes Vermögen erworben hatte, aber kinderlos geblieben war. Schließlich kam er zum Sterben. Ein Testament hielt er für überflüssig: »Meine Frau hat zu leben, und das übrige mag nach dem Gesetz an meine Geschwister fallen.« »So?« sage ich. »Wenn Sie ein Vermögen hinterlassen, so hat Ihre Frau mindestens die Hälfte erarbeitet, indem sie Ihnen dieses Hauswesen schuf, das Ihnen Kraft und Glück gab, und wo sie das Erworbene zusammenhielt. Sterben Sie ohne Testament, und die Gerichte mischen sich ein in den Nachlaß, so haben Sie Ihren treuesten Freund öffentlich bloßgestellt.« Das half.

Jedermann sollte bei guter Zeit ein Testament machen, so freundlich als irgend möglich, damit zu einer Zeit, in der er dem Irdischen entrückt ist, keine Bitterkeit für ihn übrig bleibt.

Wenn man erwägt, wie geistlos viele Berufsarten der Männer sind und doch ausgefüllt werden müssen, so ist es das häusliche Tun des Weibes, in das Treiben des Mannes freundliche Sonnenstrahlen des Lebens fallen zu lassen. Auf diese Weise gestaltet sie die ödeste Tätigkeit so um, daß eine befriedigende Lebenshaltung erzielt wird. Ein unschätzbarer Erfolg ehelicher Arbeit.

Umgekehrt ist es auch für den Mann erst die wahre Befriedigung, wenn er weiß, daß alles, was er tut, mag es noch so mühsam und geistlos sein, in seinem Hause in Lebensfrüchte ausgereift wird.

So ist die Ehe die Weihe oder die Vernichtung aller Lebensarbeit und hat unübersehbare Bedeutung. Für die weitaus meisten Menschen ist die Ehe der wertvollste Zustand, in dem sie sein können.

Oder wenn im Laufe der stillen Arbeitsjahre, die das Leben von den meisten Menschen verlangt, ein Häuflein Kinder heranwächst, ein kommendes Geschlecht, das über uns hinauswachsen soll – welche Arbeitsleistung für die Menschheit!

Fast unbemerkt, im Nebenbetrieb jedenfalls, wachsen die Kinder heran, und schließlich sind sie oft unser bester Erfolg, den wir aufzuweisen haben. Vielleicht kann kein Mensch irgendeine sonderliche Leistung von uns namhaft machen. Aber schließlich stehen einige lebendige Zeugen unseres Seins und Tuns da, die den Samen der Zukunft in sich tragen.

Vielleicht sind die Kinder auch nicht sonderlich geraten, aber wer kann je ermessen, welchen Samen sie bergen! Und welche Leistung, Menschen ins Dasein und zu einem nützlichen Leben zu verhelfen! Viel Mühe, viel Sorge, viel Enttäuschung viel Entbehrung, das bedeutet die Erziehung von Kindern, aber damit gerade eine Arbeitsleistung der Ehe, die als köstlich angesprochen werden muß.

Ich muß immer, wenn ich ein Neugeborenes sehe, an den Spruch denken: Wer solch ein Kind aufnimmt im Namen des Menschensohnes, der nimmt ihn selbst auf! Alle mit Kindern gesegneten Eheleute tun das und haben daran einen unermeßlichen Quell von Segen, Leben und Glück, dem gegenüber auch der ödeste Beruf nicht ins Gewicht fällt. Sie haben es, auch wenn sie vom Menschensohn selbst nichts wissen wollen, weil er ihnen zu Tode gepredigt ist: sie erleben einfach seine Wahrheit und sind beglückt darin.

Das alles sind nicht etwa Empfindungsreihen, wie Bücherweisheit sie ausheckt. Ein einfacher Blick in die Geschichte der Menschen lehrt, daß ihre Fortschritte im Zusammenhang stehen mit der Entwicklung der Ehe. Sie war eine mächtige Triebfeder zu nützlicher Arbeit und ermöglichte Kindern ein gedeihliches Werden. Wo die Ehe zerbricht, zerbricht auch die Kultur. Wie die Ehe selbst einen großen Werdefortschritt darstellt, so gebiert sie auch fortzeugend menschheitliche Werte in Gestalt von nützlichen Werken und Werkführern. Ihre Hauptleistung liegt aber doch im tiefsten Innern, dem Gebiete des Geistes.

Wer eine Ehe führt, hat eine unausgesetzte Übung im Verzichten und Entsagen, also einen Zuwachs von Liebesarbeit, die befreiend und erhebend wirkt. Ein eheloser Mensch hat gar keine Ahnung von den Leistungen der Ehelichen und ihrer unausgesetzten Arbeit am eigenen Menschen, also auch nicht von ihrem heimlichen Glück. Denn jede Leistung trägt ihren Lohn in sich. Umsonst ist nichts in der ganzen Welt.

So mancher Mann, der nach Gott und Menschen nichts fragt, fragt sehr wohl nach seiner Frau und wird von ihr in Zucht gehalten, wo alle anderen Mittel versagen, und manches Weib, das irrlichtelieren und eine Gefahr für viele sein würde, hat an Mann und Kindern ein so heilsames Gegengewicht, daß sie noch ein Träger der Ordnung wird.

Die Menschen wissen das alles gar nicht so genau, brauchen's auch nicht zu wissen, aber sie erleben es. Das genügt.

Wer also in eine Ehe eintritt, darf wissen, und wenn er's nicht weiß, wird er's erfahren, daß er damit in eine unsagbar wichtige und unermeßlich bedeutungsvolle, schwere Arbeit hineintritt. Er kommt in einen Zustand der Selbstzucht, auch wenn er keinen diesbezüglichen Lehren zugänglich war, und nimmt teil an der Hervorbringung von Werten, deren sichtbare Seite gering ist im Vergleich zu ihrem Gewicht, das sie für die Menschheit haben.

Darin liegt auch ein großer Ausgleich. Vielen ist es gegeben, Dinge zu schaffen, die außerordentlich ins Auge fallen, und an denen sie selbst berühmt werden. Anderer Leben verläuft so still und unbemerkt, daß niemand etwas Besonderes namhaft machen kann. Wer aber vermag zu sagen, welches Leben das wertvollere ist! Hat der Mann mehr geleistet, wenn er nach außen Großes hinstellt, oder das Weib, das unbemerkt dem Kämpfer den Rücken deckte und seine Kraft stählte? Hat der Berühmte Wertvolleres geschaffen oder der geringe, schlichte Arbeiter im öden Alltagsberuf? Niemand vermag es zu sagen.

Ein Mann, der für sein Weib und seine Arbeit sorgt, und ein Weib, das für den Mann und ihr Haus sorgt, hat der Menschheit einen größeren Dienst geleistet, als daß man ihn abschätzen könnte. Den allergrößten aber sich selbst.

Es gibt eine Gerechtigkeit, die unsagbar hoch und tief waltet über und unter der Oberfläche des Sichtbaren. Aber sie ist so groß, daß kein Menschenwort sie zu fassen vermag. Das ist gut und ihre Ehre.

Wer aber die Arbeit verachtet, der versteht das Leben nicht, der entbehrt auch schließlich das unentbehrliche Glück. Vor solchen Menschen hüte dich, besonders wenn sie kluge Worte zu machen verstehen. Dann sind sie gewiß Heuchler und Schleicher. Die Ehe umspannt eine große Arbeit, vielleicht die größte und wichtigste im Leben. Das ist ihre Heiligkeit.

Das Verzeihen

Die Ehe ist ein so großes Gut, daß es selbstverständlich ist, daß der heutige Mensch ihr noch lange nicht gerecht wird. Was hilft uns das beste Werkzeug, wenn wir es nicht zu handhaben verstehen, und was tun wir mit unserer unvollkommenen Wirklichkeit, wenn wir mit ihr in einer vollkommenen Einrichtung stehen! Das Werkzeug macht uns längst nicht zu vollendeten Arbeitern, und die edelste Einrichtung verleiht uns keine Vollkommenheit.

Wir müssen also ernstlich unsere Stellung zur Ehe heute erwägen.

Sie ist heute noch längst keine vollkommene Ehe. Schon deshalb nicht, weil sie Zwangsehe ist. Wie können freie Geister anders bestehen, als in der Freiheit?

Die Ehe heute kann aber nicht wohl ohne Zwang gedacht werden, weil es noch keine wahrhaft freien Menschen in solcher Überzahl gibt, daß ihr Dasein bestimmend auf unsere Gesetze und bemerklich für die Masse unserer Zeitgenossen wäre.

Wir gehen aber unzweifelhaft der wahren Freiheit entgegen, und danach müssen wir auch unsere Ehe heute einrichten lernen.[2]

Vor allem wäre allen Eheleuten aufs dringendste zu raten, die Anwendung aller Zwangsmittel tunlichst auszuschalten. Sie sind für den Gesetzgeber, den Staat, die Gesellschaft notwendig, für die Eheleute selbst müssen sie entbehrlich sein. Es ist schon betont worden, daß Eheleute durchaus selbst miteinander fertig zu werden trachten müssen und jede, aber auch jede fremde Einmischung abzulehnen suchen.

Ganz allgemein müssen sie sich sagen, daß auf jeden Fall beide Eheleute, die zusammentreffen, voller Fehler und Unvollkommenheiten sind. Eine Mutter sagte mir einmal von ihrer eben getrauten Tochter: Diese Tochter hat überhaupt keinen Fehler. Das war natürlich ihr größter Fehler. Ich war so unhöflich zu lachen. – Sie ist später trotzdem eine brave Frau und Mutter geworden, aber der Kampf ums Dasein war für beide Ehegatten unsagbar schwer und endete erst, als ihre Fehler alle offenbar wurden.

Heute gibt's keine Ehe fehlerloser Leute und hat nie eine auf diesem Planeten gegeben. Folglich wird jeder Ehegatte am andern schwer zu tragen haben.

Jeder Mensch hat die verständliche Gewohnheit, seine Fehler tunlichst zu verdecken. Je verborgener die Mängel jemandes sind, desto schwerer pflegen sie ins Gewicht zu fallen. Mit den offen zutage liegenden ist verhältnismäßig leicht fertig zu werden, schwer mit den unsichtbaren. Alle werden aber in einer Ehe im Laufe der Zeit deutlich. Je später, desto drückender sind sie. Folglich hat man an tugendhaften Ehegatten schwerer zu tragen, als an untugendhaften. Zu tragen haben alle miteinander.

---

[2] Vergl. darüber Ausführliches in Lhotzky »Die Zukunft der Menschheit«, III. Teil.

Was soll man nun tun, wenn Fehler schmerzlich offenbar werden und das Leben des andern vergiften wollen? Man soll unter allen Umständen selbst fertig werden und keinesfalls dritte Leute oder gar die Gerichte einmischen. Die Lasten sind überall annähernd die gleichen. Jede Ehe ist schwer. Sie könnte ja sonst gar nicht köstlich sein.

Es kommt lediglich darauf an, wie die Menschen sich zu den Lasten stellen. Die sie wegwerfen oder um Hilfe schreien, sind Tröpfe, aber die sie tragen, die zwingen sie und erringen einen Sieg nach dem andern.

Nur die Ehen können glücklich werden, in denen einer für die Last des Andern eintritt, ihn nicht anklagt, sondern zu entlasten sucht. Solche Ehen werden aber unaussprechlich glücklich, der Himmel auf Erden. Ob Fehler da sind oder nicht, darauf kommt's nicht an, wohl aber darauf, wie man sich zu ihnen stellt.

Eheleute können nur so bestehen, wenn zwischen ihnen ein grenzenloses Verzeihen wohnt. Von der Größe des Verzeihens hängt ganz allein ihr Lebensglück ab. Nicht von der Geringfügigkeit der Fehler. Wer alles verzeiht, wird glücklich und macht glücklich.

Was heißt verzeihen? Es heißt nicht, *gleichgültig sein gegen die Fehler des andern, sondern sie auf sich selbst nehmen.* Laster sind Lasten. Sie werden leichter, wenn zwei sie tragen. Verzeihen heißt, an den andern glauben und durch alle seine Fehler hindurchsehen auf seine Wahrheit. Verzeihen heißt, das Untüchtige beständig in die Vergangenheit schieben und das Wertvolle als gegenwärtig behandeln. Es ist die Großtat der Liebe, vor der das Böse wohl offenbar, aber nicht angerechnet wird. Nur starke Geister können recht verzeihen, wer sich aber übt, wird daran stark. Wer eine Ehe führt, hat fortwährend Gelegenheit sich zu üben.

Das Verzeihen ist die einzige Möglichkeit, wie des andern Fehler auch wirklich überwunden werden. Eine Frau war an einen Beamten verheiratet, der alles vertrank und die Seinen in bitterster Not leben ließ. Da fragte sie einst ihre kleine Tochter: Mama, warum sind gerade wir so arm, und alle unsere Bekannten haben's so viel besser? Die Mutter antwortete: Siehst du, Kind, unser Vater kann uns nicht so viel geben, wie er möchte. Darum müssen wir uns möglichst einschränken, um es ihm nicht so schwer zu machen.

Unbemerkt hatte der Vater das Gespräch gehört. Es wurde der Wendepunkt in seinem Leben.

Zwei schwere Klippen birgt die Ehe heute in sich, an denen sie leicht scheitern kann, die darum besonders dem Verzeihen anheimgestellt werden sollen.

Die Frauen leiden alle, wenn sie lieben, an Eifersucht und erschweren dadurch unendlich das Leben des Mannes. Viele wissen diese Leidenschaft geschickt zu verbergen, oder großzügig zu beherrschen, aber die wirklich heiß lieben, haben sie auch. Es gibt auch zahlreiche eifersüchtige Männer, eine wahre Qual ihrer armen Frauen. Aber das sind, wenn man von vorübergehenden Ausbrüchen dieser Leidenschaft absieht, die jedem kommen können, vorwiegend Weibmänner oder zerfallende Mannsruinen, Schwächlinge, die verweibt sind. Aber die Frauen leiden als solche darunter. Ihr Empfindungsleben ist ein anderes.

Auch die Eifersucht wird einmal von der Menschheit ganz überwunden werden. Sie ruht heute auf einem falschen Eigentumsbegriff. Gerade so wie viele Eltern in dem Wahn leben, die Kinder seien ihr Eigentum, so ist die Eifersucht die Wahnvorstellung, als gehöre der Mensch hoffnungslos dem andern und habe dieser über seinem Besitzrechte mit der Glut des Eifers zu wachen.

Das ist ein Irrtum. Kein Mensch gehört dem andern. Alle sind freie Geister, die nur sich selbst angehören und damit Gott. Daher kommt's, daß die Größten unseres Geschlechts nicht verheiratet waren. Der Messias konnte nicht heiraten. Wer allen Menschen helfen will, darf durch ein liebendes Weib nicht behindert sein. Das hätte ihm viele Zugänge liebevoll versperrt.

Die wahre Ehe, die wir erringen müssen, wird von einer Liebe durchwallt sein, die den andern immerdar frei läßt, nicht zwangsmäßig bindet, sondern löst.

Heute stellt die Eifersucht große Ansprüche an die Kraft des Verzeihens.

In der Männerwelt findet sich der Ergänzungsfehler zur Eifersucht, der auch unendlich schwer zu tragen ist für eine Frau.

Es ist schon gesagt worden, daß der gesittetere Teil der Menschheit unstreitig das Weib ist. Ihm sind sehr wesentliche erziehliche Fortschritte in der Sittlichkeit der Menschheit zu danken.

Die Männerwelt steht dem Weibe darin nach, daß sie entschieden polygam veranlagt ist und darin schwere Gefahren hat, denen sie oft genug unterliegt. Es mag sein, daß von Haus aus beide Geschlechter gleichmäßig zur Polygamie neigen, aber im weiblichen ist diese Neigung heute mehr überwunden als im männlichen Geschlecht. Das soll ganz einfach gewußt werden. Welche Gefahr damit der Ehe erwächst, ist ohne weiteres deutlich.

Geschichtlich ausgedrückt wird man sagen müssen, daß das Weib sich in dieser Beziehung schneller entwickelt hat als der Mann. Es gibt ja tatsächlich auch heute noch genug Frauen, die in diesem Punkte uralte Naturzustände darstellen. Aber diese werden doch als Ausnahmen empfunden. Die Frauenwelt als solche steht heute auf einer hohen Stufe der Sittlichkeit und darf wohl als wesentlicher Förderer der Einehe angesprochen werden. Religion und Gesellschaft haben das als berechtigte Forderung aufgenommen und mit Nachdruck und Erfolg vertreten. Damit ist aber keineswegs gesagt, daß sie es wirklich gewonnen hätten. Auch unsere Zwangsehe ist nur ein sehr rohes und unvollkommenes Mittel dazu.

Auch die ledige Frauenwelt vermag, so schwer es vielen ihrer Vertreterinnen oft fallen mag, weit leichter Enthaltsamkeit zu üben als die Männerwelt.

Ohne Zweifel ist diese höhere Stufe erworben, nicht ursprünglich vorhanden. Also ist zu erwarten, daß auch der Mann nicht ewig zurückstehen wird, sondern sich, so hoffnungslos es auch oft hingestellt wird, und der Anschein es zu lehren scheint, zur vollen Sittlichkeit emporarbeiten wird. Das Große an unserer Zeit ist schon, daß alle solche Dinge offenbar geworden sind und ganz offen besprochen werden können. Unsere Zeit liebt die Wahrheit über alles.

Was hat nun zu geschehen, wo die niedere Sinnlichkeit durchbricht, wie muß die Ehe heute sich da gestalten? Auch diese Ausbrüche werden am besten ohne Einmischung dritter Menschen behandelt und unter das große Verzeihen gestellt. Das Verzeihen ist die mächtigste Hilfe in dem schweren Ringen nach vorwärts. Je endloser das Verzeihen ist, um so endloser und unwiderstehlicher ist die Hilfe, die es gewährt. Weil es frei macht, wirkt es lösend.

Die wahre Ehe, die wir gewinnen müssen, wird gerade durch ihre Freiheit zur Selbstzucht zwingen. Eifersucht macht die Übertretung ungleich verlockender und erleichtert sie, indem sie wähnt, sie zu erschweren.

Haben wir nicht die wahre Ehe, so wollen wir sie unter allen Umständen gewinnen. Das können wir nicht dadurch, daß wir die Schrankenlosigkeit durch gesetzliche Maßnahmen einführen, sondern nur dadurch, daß alle, die sich nach Freiheit sehnen, in ihre Ehen das große Verzeihen hineinnehmen und ganz allein miteinander fertig werden.

Es gibt nur eine einzige welterlösende Macht. Das ist die Liebe, die alles wissen und alles verzeihen kann. Wer auf sie verzichtet, gibt den besten Schutz der Familie preis.

Die Religion in der Ehe

In früheren Zeiten tat man sich schwer mit allerlei religiösen Dingen, die die Ehen belastend beeinflußten. Schon die sogenannte Mischehe war kaum angängig. Jahrhundertelang standen auch alle, die Ehe näher oder ferner betreffenden Angelegenheiten unter kirchlicher Rechtsprechung, was sie nicht gerade erleichterte.

Erst die Reformation räumte mit diesem Alleinvertrieb des Eherechts auf und schuf der Freiheit eine Gasse. Wenn ich nicht irre, war es sogar Luther selbst, der die Trauung vor die Kirchentür verlegte als Zeugnis dafür, daß die Ehe unter den Staat gehöre, und die Kirche nicht zu herrschen, sondern nur zu segnen habe.

Dabei eignete vielen Religionen, auch manchen Christentümern, eine unerhörte Mißachtung der Ehe. Die Ehelosigkeit galt lange als der gottwohlgefälligere Zustand, und die Ausübung des Geschlechtstriebs und die Kinderzeugung wurden als ungöttlich verdächtigt.

Die notwendige Folge war nicht Vermehrung der Sittlichkeit, sondern der Heimlichkeit. Wir leiden heute noch unter dem religiösen Versteckspiel, und nur langsam geht unserer Zeit das Recht der schlichten Offenheit in allen ehelichen und außerehelichen Dingen auf.

Gleichwohl soll das Verdienst der Religionen nicht geschmälert werden, dem Gedanken der Einehe großen Vorschub geleistet zu haben, wenn auch mit den plumpen Mitteln, die Religionsleuten eigen. Man muß andrerseits bedenken, daß die Religion früher einem weit roheren Zeitalter gegenüberstand, das Kinder mit Stockschlägen glaubte zur Sittsamkeit erziehen zu müssen. Wer selbst prügelt, wird sich nicht wundern, wenn er auch unter rohe Zuchtmeister gestellt wird.

Solche Dinge wollen geschichtlich gewürdigt werden und sollen heute in einem lichter werdenden Zeitalter ohne Zorn und Eifer ruhig betrachtet sein. Zweifellos haben wir heute noch Unmassen von Menschen, denen der Religionszwang sehr heilsam und notwendig ist, so wenig wie sie der Zwangsehe entbehren können. Auch soll nicht verkannt werden, daß die Religionen selbst, wenn auch widerstrebend, sich der Weiterbildung erschließen. Schon aus Selbsterhaltungstrieb. Manche tun es mehr, manche weniger, aber schließlich müssen sie alle.

Eines muß nun vor allem gesagt werden. Religionsübungen sind etwas ganz anderes als Gottesdienst. Wird eine Ehe recht geführt, so steht sie über jedem Religionsbetrieb.

Daß sich Mann und Weib verbinden und gemeinsam Kinder aufziehen, ist ein Gottesweg. »Seid fruchtbar und mehret euch und erfüllt die Erde«, heißt das erste Gebot der Menschheit. Da soll kein Religionswesen sich unterwinden zu behaupten, es gäbe Gott wohlgefälligere Daseinsformen als die Ehe.

Ferner, daß Eheleute einander tragen und zwischen sich das grenzenlose Verzeihen wohnen lassen, das allein eine richtige Ehe ermöglicht, ist ein Christusweg auf Erden. Die Erlösung der Menschheit ruht auch auf nichts anderem, als dem großen Verzeihen.

Ob nun Eheleute zugeben, daß sie den Gottes- und den Christusweg gehen oder nicht, das ist nicht so wichtig. Sie gehen ihn, wenn sie ihre Ehe recht führen, und erfüllen damit den Willen des Vaters. Ob sie dies aus religiösen oder naturgeschichtlichen Erwägungen oder aus einfachem Lebensbedürfnis tun, kann dabei nicht so wesentlich sein. Jesus hat selbst einmal gesagt, wer des Vaters Willen tue, dem werde auch weitere Erkenntnis überkommen. Wer ihn bloß lehre, werde arg klein heißen im Himmelreich, wer ihn aber lehre und erfülle, der werde groß heißen.

Das merkt man auch rechten Ehen deutlich an, und das ist gewiß: Wer eine rechte Ehe führt, steht unausgesetzt im Gottesdienst, ob er's weiß oder nicht. Dieser Gottesdienst überragt weit jegliches Formel- und Gebärdenwesen, was Religionen ersonnen haben. Also steht die wahre Menschenehe über den Religionen, und es kann dabei nicht so sehr ins Gewicht fallen, welcher Religion der eine oder der andere, oder beide Ehegatten angehören. Sie fanden sich ja darin, daß sie Gott dienten und den Christusweg miteinander wandelten.

*

Auf jeden Fall bleibt mancherlei zu bedenken, und junge Leute werden gut tun, sich über ihre religiöse Stellung klar zu werden. Sind beide sehr eifrig in ihrem Religionsdienst, und gehören sie beide dem gleichen Christentum an, so ist's sehr einfach.

Sie bleiben in dem, was sie haben und werden merken, daß sie auch für ihr Eheleben mancherlei Hilfe finden. Denn wenn's ihnen auch nicht immer gelingt, so trachten doch die verschiedenen Christentümer danach, den Gottes- und Christusweg zu gehen, der Eheleuten allerdings viel näher liegt.

Sind beide Eheleute gleichgültig gegenüber ihren Religionen, so wird die Ehe sie wahrscheinlich nicht eifriger machen, und vermutlich werden sie ins Philistertum versinken. Die »Reich-Gottes«-Leute sind nicht gleichgültig. Sie halten nur deshalb nicht sehr viel von den Religionen, weil sie mehr haben, als diese zu bieten vermögen.

Ist aber eines der Eheleute sehr eifrig und das andere gleichgültig, so vermag es in der Ehe recht ungemütlich zu werden, und manche Ehe ist schon das Opfer religiösen Wahneifers geworden. Erschwerend fällt dabei noch ins Gewicht, wenn beide verschiedenen Christentümern angehören.

Will jemand eine Mischehe oder eine Ehe mit starken religiösen Verschiedenheiten eingehen, so wird es vorteilhafter sein, wenn die Frau der freieren Richtung angehört, als umgekehrt. Der Frau eignet das Beharrungsvermögen, dem Manne die Beweglichkeit. Religiöse Unstimmigkeiten sind ein schweres Hindernis für jede Ehe. Wenn die Frau weitgehenden priesterlichen Einflüssen zugänglich ist, kann der freier gerichtete Mann oft sehr erbittert, unter Umständen ganz entfremdet werden. Naturgemäß ist eine stark religiös gebundene Frau schwer zur Weiterbildung ihres Denkens zu bewegen.

Die Frage kommt ja bei der Kindererziehung nochmals zu schwerer Geltung. Ja, bei vielen erwacht sie erst, wenn Kinder da sind. Wenn dann vollends die Kinder noch in verschiedenen Religionstümern erzogen werden sollen, kommen oft schwere Mißhelligkeiten in das Familienleben und zerstören religionsmäßig die schlichte Unmittelbarkeit Gottes, unter der von Hause aus jede Ehe steht. Es ist also jungen Leuten nicht dringend genug zu raten, sich über ihre religiöse Stellung und Haltung in unbedingtester Offenheit auszusprechen. Sind sie vorher einig in Zustimmung oder Ablehnung, so ist damit längst nicht gesagt, daß sie einig bleiben, sind sie uneinig, so ist's auch recht wohl möglich, daß sie im Laufe der Jahre einig werden, ohne daß eins am andern einen religiösen Gewaltakt zu vollziehen braucht. Der gesunde lebendige Mensch entwickelt sich mannigfach. Wenn jemand nie anders denken gelernt, als er gelehrt wurde, so ist das nicht immer ein Zeichen von Treue, sondern sehr häufig ein Zeichen von Totsein.

Junge Leute sollten sich zwei Bedingungen stellen und einzuhalten trachten. Die eine heißt: Wir wollen unseren heutigen geistlichen Zustand nicht als unveränderlich abgeschlossen halten und uns gegenseitig größte geistliche Bewegungsfreiheit gewährleisten, denn wir wollen lebendige Menschen sein. Leben beruht auf Bewegung.

In diesem Falle ist's ganz gleichgültig, von welchem Ausgangspunkte aus sie in die Ehe treten. Wenn beide nicht abgeschlossen haben fürs Leben – und welcher junge Mensch hätte das Recht dazu! – kann niemand sagen, wohin jeden Ehegatten die Entwicklung führen wird. Wahrscheinlich werden sie einander finden oder wenigstens in Fühlung bleiben.

Mit dieser Bedingung ist jederzeit die größte Hochachtung vor dem Denken des andern, wie immer es beschaffen sein mag, gegeben. Achtung vor dem andern ist das Grundgesetz der Ehe.

Die zweite Bedingung ist: wir wollen unter *allen* Umständen *ganz allein* miteinander fertig werden und auch in religiösen Angelegenheiten die entscheidende Mitwirkung dritter Menschen ausschließen, auch dann, wenn etwa ein Priester beichtmäßig Gewalt üben will.

Es ist sehr wohl möglich und kann auch nützlich sein, wenn die Ehegatten mit erfahrenen Menschen über dies und das, auch über religiöse Fragen, Sonderberatungen haben. Aber entscheidend darf nur sein, was sie allein miteinander ausmachen. Eine Ehe, in der dritte Menschen entscheidende Worte reden dürfen, ist schon verloren und wird nie etwas Rechtes werden.

Auf diese zwei Bedingungen, die allerdings grundehrlich gehalten werden müssen, kann man jede Ehe eingehen. Ich sage aber nicht, daß dadurch alle Schwierigkeiten aufgehoben werden. Zu den vielen ehelichen Nöten gesellen sich unter Umständen noch schwere religiöse. Aber sie sind so wenig unüberwindlich wie alle anderen.

Alle Schwierigkeiten, auch die religiösen, sind nur zeitlich. Trotz allen Lärmens reicht auch keine einzige Religion über die Zeit hinaus. Die Menschen aber sind ewige Geister und stehen als solche hoch über jeglicher Zeitlichkeit.

Alle Eheleute aber sollten sich deutlich machen, daß sie in dem Maße, als sie miteinander leben und einander tragen, in einem Zustande des Gottesdienstes stehen, wie sie ihn heiliger nirgends finden. Je mehr es uns gelingen wird, der wahren Ehe entgegenzukommen, um so größer wird die Unmittelbarkeit werden, in der die Menschen als Menschen zu Gott stehen.

Religionen sind alle nur Mittelbarkeiten und bedürfen Zwischenmenschen und allerlei geistlichen Aufwands. Vor der Unmittelbarkeit des Vaters werden sie einmal alle erbleichen. Eheleute sind auf den Gottesweg der wahren Menschen gestellt. Es handelt sich vor allem darum, daß sie ihn weiter finden und wandeln.

Das Familiensein

Die neuzeitliche Erkenntnis kann sich immer weniger der Wahrheit verschließen, daß der Mensch nicht da endet, wo das Auge seine Begrenzung sieht, sondern daß ein Etwas seine leibliche Umrahmung überragt, das nicht näher bestimmbar, nicht meß- und wägbar ist, aber sehr deutlich empfunden wird.

Jeder Mensch hat um sich einen ganzen Umkreis seelischer Strömungen, die sich sehr deutlich kundzugeben vermögen. Jeder weiß, daß es Menschen gibt, in deren Gegenwart man die Empfindung hat, als erstarre einem das Blut und erfriere die Seele, und andere, die nur dazusein brauchen, um alles um sich her aufleben zu lassen oder hoffnungslos abzustoßen.

Was das ist, wissen wir noch nicht. Ich denke es mir recht stofflich als Schwingungen, die denen der drahtlosen Fernschreibung am ehesten vergleichbar sind, und über die wir vielleicht auch einmal wissenschaftlich klar sein werden.

Heute genügt, daß wir uns ihrer Wirklichkeit erinnern.

Auf ihr Vorhandensein gründet sich überhaupt die Eheschließung. Ich könnte sie seelische Schwingungen nennen, wenn das nicht ein bloßes Wort wäre, könnte auch unterscheiden zwischen niederen und höheren und von einer Ehe voraussagen, daß ihr Glück und Unglück darauf ruhen werde, welche von beiden die Ausschlaggebenden waren. Aber das alles ist nicht so wichtig und würde hier zu weit führen, sollte es näher ausgeführt werden.

Sie sind da, und jeder Ehegatte bringt die seinen mit. Ihr ansprechendes oder abstoßendes Zusammentreffen bewirkt in der Ehe ebenso den Kampf wie die Hilfe im Dasein, und schließlich schaffen sie ein Wesen im Hausstande, das man den Familienton oder das Familiensein nennen kann.

Der stärkere Geist wirkt natürlich bestimmend, aber der schwächere Geist gibt den Oberton dazu, und jedes hereintretende Kind bringt auch einen Ton mit. Nicht minder jeder Dienstbote und Hausgenosse. Schließlich wird alles auf einen Hausklang gestimmt, der Einklang oder Mißklang sein kann.

Alle Häuser können nur so sein wie die Ehen sind, und jedes Haus hat mit naturgeschichtlicher Notwendigkeit seine Besonderheit, die wohl veredelt, aber nicht vernichtet werden soll. Wie sie ist, das spüren manche Menschen schon, wenn sie eine Schwelle überschreiten mit größerer oder minderer Deutlichkeit, anziehend oder abstoßend.

Es bekommt auch jeder, der länger in einem Hause weilt, etwas davon mit. Jedes Kind bekommt außer seinem Eigenwesen noch einen Hausstempel, auch jedem sonstigen Hausgenossen fliegt irgend etwas an und wirkt oft lange nach. Gutes oder Böses, Tötendes oder Belebendes.

In manchen Häusern ist's einem, als müsse man gesund werden. Ich verkehrte in einem Hause, da schien das Leben federleicht und seine Plage wie Scherz. Noch lange nach einem solchen Aufenthalt war es wie die Nachwirkung einer Erholungsreise des inneren Menschen. Später verlor sich das in jenem Hause. Ich dachte lange über die Ursache nach. Es war, als sei etwas weggegangen. Es waren auch einzelne Hausgenossen gestorben. Aber die Hauptursache war wohl, daß plötzlich ein neuer Mensch eingetreten war, der sich allmählich die Herrscherstellung angemaßt hatte und nun einen mißtrauischen, heimlichen Geist mitgebracht hatte. Während er kraftvoll das Haus nach außen zu festigen schien, zerstörte er es im Innern.

Andere Häuser können einen Menschen krank machen. Natürlich soll niemand sagen, wenn er irgendwo krank wird, das Haus habe es getan, aber wenn jemand lähmende Wirkungen eines Hauswesens spürt, soll er trachten, es zu verlassen. Ebenso muß jedes Hauswesen alle Geister, die den Einklang hindern, rechtzeitig zu entfernen suchen.

Daher ist das gefährlichste Unternehmen, wenn jemand in einem Hause eine größere Ansammlung anscheinend gleichgestimmter Geister zu veranstalten sucht. Da bildet sich in der Regel eine Mittellage, in der die niederen Geister sich behaglich fühlen und die höheren verkümmern. Schließlich geht das Gute, das das Haus zu bieten vermöchte, verloren, und die Leitenden kommen selbst hinunter statt herauf.

Ein Haus darf nur so viel fremden Geistern Zutritt gestatten, als es selbst angliedern oder bewältigen kann. Das wird nur in sehr beschränktem Maße möglich sein. Ist aber aus anderen Gründen Fremdenzuzug erwünscht, so muß es auf Hotelbetrieb gestellt werden, indem das eigentliche Familienwesen in ein Allerheiligstes verschlossen wird, während die Fremden im Vorhof bleiben.

Ich erwähne das ganz besonders, weil heute sehr viele Menschen darauf angewiesen sind, auch schon in junger Ehe Fremde bei sich länger oder kürzer zu beherbergen und oft nicht wissen, wie sie sich da zu stellen haben. Ich möchte allen sagen: Hütet euer häusliches Heiligtum vor Verflachung und unnatürlichem Hervordrängen fremder Wesenheiten.

Das Familiensein ist das heilige Besitztum, das auch die ärmste Hütte hat, denn es ist unabhängig von Geld und Geldeswert. Es ist die trauliche Behaglichkeit der Zugehörigen, die unnachahmbar und immer eigenartig ist. Wie man nicht zwei Menschen mit dem gleichen Gesicht findet, so auch nicht zwei Häuser mit dem gleichen Geiste.

*

Trotzdem gibt es Häuser ohne Familienleben. Das sind solche, in denen so verschieden gerichtete Geister zusammentreffen, daß der Rahmen des Hauses sie nicht zusammenzuhalten vermag. Der Rahmen des Hauses ist die Ehe. Wer das Unglück hatte, in solchem Durcheinander seine Jugend zu verleben – viele Leute haben das –, dem fehlt ein goldener Lebenskern, die Kinderstube, die durch nichts ersetzt werden kann. Solche Leute können erst nach Hause kommen, wenn sie sich am eigenen Herd einrichten, und sind dann oft um so empfänglicher dafür, denn der Mensch ist auf tiefere Gemeinschaft angelegt.

Elternhaus und Kinderstube sind Glücksgüter dieser Erde wie andere auch. Man muß nicht alles haben. Die Güter dieses Lebens sind mancherlei, und jedes ist wertvoll. Aber andererseits gibt es nichts, wirklich nichts auf diesem Planeten, das nicht auch entbehrlich wäre. Kein Ding, kein Gut, auch kein Mensch ist unentbehrlich, denn wir sind ewige Geister.

Am vollkommensten wirkt ein Haus, wenn die Strahlen des Lebens und die Wellen des Einklangs von der Hausfrau ausgehen. Sie ist zunächst berufen, die Priesterin am häuslichen Herd zu sein. Eine übellaunige Hausfrau wird weder Mann noch Kinder dauernd daheim halten können. Dienstboten halten schon gar nicht aus. Häuser, die Menschen anziehen, sind Lebenshäuser, die der Friede durchwallt. Wo viel Wechsel ist unter den Insassen, ist's ein bedenkliches Zeichen. Manche Häuser vermögen nicht einmal ihre eigenen Kinder zu erhalten. Sie sterben vor der Zeit und flüchten ins Dunkel. Das Haus zerlebt sie.

Aber Häuser des Lebens stehen auch fest gegründet. Ich glaube, es gibt keine Gewalt der Erde, die imstande wäre, ein Ehepaar, das fest zusammensteht, umzuwerfen. Will eines fallen, so hält ihn das andere, und die erhaltenden Kräfte sind schließlich stärker als die zerstörenden Gewalten. In solchen Häusern erwachsen auch Kinder ohne sonderliche Mühe und werden Lebensboten in die Menschheit hinein.

Eine große Mitgift ins Leben hat jeder, der aus solchem Hause stammt. Man merkt auch jedem Menschen bis ins Alter hinein an, ob er eine Kinderstube hatte oder ihrer entbehrte. Diese Stätten sind Felsen, an denen die Wogen des Daseins branden. So lange die Menschheit solche Pflanzstätten hat, ist ihre Kraft ungebrochen. Aus ihnen quillt immer neues, sprudelndes Leben.

Der Grund zu solchen Häusern wird gelegt in den Tagen der jungen Ehe. Es schadet nichts, wenn der Kampf ums Dasein stürmisch verläuft. Nur wer am andern verzagt, verliert's. Auch hier ist der Glaube die überwindende Macht, die Berge versetzt und Täler ausebnet.

Wenn zwei sich ein Heim erkämpfen, in dem sie sich selbst ausleben dürfen und im Maße ihres Werdens den Zusammenklang erhöhen, die haben das Glück im Leben. Es ist unabhängig von Geld und Gut. Es ist die Kraft, Freud und Leid, Glück und Unglück gleichermaßen zu tragen und zu verwerten.

Das sind die wahren Heilstätten, in denen die Menschheit stückweise gesundet, die Brunnenstuben kraftvoller Geschlechter.

Wo die Familien gedeihen, gedeihen die Völker. Die wahre Sittlichkeit ruht in den Häusern. Wenn man ihr erst durch Vereine und öffentliches Werben aufhelfen muß, ist sie übel beraten. Auf der Sittlichkeit erbaut sich jeder wahre Fortschritt.

Es ist für jedermann in die Augen fallend, daß im Familientone die Roheit in Wort und Tat, wenn nicht beseitigt, so doch gemildert wird. Gemeine Schriften mögen an Junggesellen ihre Förderer und Mäcene haben, in Familien haben sie keine bleibende Stätte. Unschöne Kunstgebilde mögen Sittenrichtern Kopfschmerzen und Unverheirateten heißes Blut verursachen, die Familien beachten sie nicht, wie Weidetiere, die sich an den süßen Gräsern erquicken und die Giftpflanzen in selbstverständlichem Vorübergehen stehen lassen, ohne sich über ihr Vorhandensein weiter aufzuregen.

Ausgesprochener Familiensinn ist der beste, wirksamste Jugendschutz. Auf ihm ruht die Gesundheit der Völker. Sie hat ihre Pflegstätten bei Hoch und Niedrig. Solange es einen deutlichen Familienklang in vielen Häusern gibt, braucht ein Volk nicht zu verzagen, auch wenn es keine Berichte darüber schreiben kann und seine Zahlenrechner keine Sittlichkeitsziffern aufstellen können.

Kinderlose Ehen

Kinderlosigkeit ist eine herbe Entbehrung in den Häusern, namentlich wenn sie bei dem einen oder andern Ehegatten von Selbstvorwürfen begleitet ist. Dann gehört große Kraft dazu, sie innerlich zu überwinden.

Aber ganz allgemein muß man in solchem Falle doch sagen: Besser keine Kinder als elende Kinder und besser Kinder nicht gebären als geborene begraben. Das ist ein Schmerz, den nur der versteht, der ihn erlebt hat, ein Leid, das tief in das körperliche Leben, namentlich der Mutter, eingreift.

Kinderlosigkeit ruht aber keineswegs vorwiegend auf Schuld, sondern muß ganz allgemein als Entwickelungserscheinung angesprochen werden. Je niedriger die Menschheit steht, desto seltener ist die Kinderlosigkeit, je höher sie aufsteigt, desto häufiger.

Oft wird die ganze Kraft des Seins im Dasein gewisser Menschen verbraucht, die in sich die Fähigkeit haben, weithin Lebensanstöße zu geben, aber dafür auf eigene Kinder verzichten müssen. So kann man Kinder haben, die man nicht erzeugt hat. Man kann auch Kinder erzeugen, die man nicht angliedern kann. Das geringere Leid ist in diesem Falle, keine zu besitzen.

Kinder sind keineswegs das Glück und der Zweck der Ehe. Fruchtbarkeit ist ein Gut des Lebens, gewiß. Ein großes Gut sogar. Aber das Leben hat keine Güter, die unentbehrlich wären.

Vor allem darf man überhaupt nicht an Kinderlosigkeit glauben, ehe nicht wenigstens ein Dutzend Jahre in der Ehe vergangen sind. Man sollte sich auch in dieser gewiß schweren Wartezeit nicht nach Kindern zersehnen. Ungestillte und nimmer zur Ruhe kommende Sehnsucht mag oft genug die Kinderlosigkeit fördern, wo die Natur sie vielleicht beseitigt hätte. Wenn sie sich schließlich doch unausweichlich offenbart, hat gerade ein Ehepaar in seinem Füreinandersein Kräfte genug, sie zu überwinden.

Die erste Frage muß immer sein: Haben wir nicht vielleicht einen noch höheren Beruf als den, Kindern das Leben zu geben? Kinderhäuser fördern die Menschheit mittelbar, kinderlose können ihr unmittelbar dienen. In ihnen wird der Blick nicht fortwährend durch Eigensein abgelenkt. Sie dürfen um sich schauen und finden stets, wenn sie nur treu sind, befriedigende Aufgaben.

Die Last des Daseins ist natürlich in kinderlosen Häusern schwerer, weil emporsteigendes Leben den Blick nie ablenkt. Manche Ehe würde scheitern, wenn nicht werdende Kinder den Eheleuten eine andere Richtung angewiesen.

Aber die größere Last braucht durchaus nicht erdrückend zu wirken, sie kann auch neue Kräfte für den rechten Menschen erwecken und vorhandene stählen.

Es soll ja niemand glauben, daß es leicht sei, Kinder aufzuziehen. Kinder legen schwere Entbehrungen auf und erzwingen Kräfteentfaltung, vor der man zuweilen davonlaufen möchte. Es gibt nicht wenig Leute, die kinderlose Ehen sogar beneiden, namentlich wenn im Kindersegen schier kein Aufhalten ist. Ich habe schon manche Mutter trösten müssen, die über dem Kinderwesen sich nicht zu fassen vermochte.

Es haben also die kinderreichen ebenso wie die kinderlosen Leute sehr Schweres zu tragen. Wer's nicht erfahren hat, kann nie ein richtiges Urteil abgeben, welches die größere Last ist. Das kann also niemand. Es schadet auch nichts. Lasten sind da, um getragen zu werden. An ihnen wächst die Kraft der Menschen. Über Lasten darf man sich auch nie viel Rechenschaft geben, sonst werden sie schwerer. Mancher vermag sie leicht so lange zu tragen, bis ein anderer ihn deswegen tröstet. Dann fallen sie erst schwer aufs Gemüt.

Öfter habe ich schon kinderlosen Leuten den Vorschlag gemacht: Helfet doch da aus, wo man mit Kindern schier nicht fertig werden kann. Ich tue es aber so leicht nicht wieder. Zu oft habe ich schon die entrüstete Antwort gehört: Was, ihr wollt alles Gute allein haben, und wir sind nur gut genug, euch das Schwere abzunehmen! Von der Freude sind wir immer ausgeschlossen, die Last aber sollen wir tragen helfen!

Aber ich weiß auch ganz genau, daß Kinderlosigkeit, namentlich für Frauen, etwas ist, das unmittelbar wider ihre Natur geht, die jede Mühe gering achtet, wenn sie nur einem jungen Nachwuchs zum Leben helfen darf. Ich kenne auch die unaussprechliche Freude, die jedes Kind, oft auch ein von der Sitte durchaus unerwünschtes, zu bringen vermag. Darum würde ich jede Verbitterung über dieses Entbehren entschuldigen.

Aber keinesfalls darf die Verbitterung die letzte und beherrschende Empfindung sein. Schon deshalb nicht, weil sie zwei Menschenleben, eine ganze Ehe, vergiften würde, und die Menschheit ist nicht reich genug, leichten Herzens auf eine einzige Ehe als Lebensträgerin verzichten zu können.

Lebensträger kann auch eine kinderlose Ehe sein. Ich habe in kinderlosen Häusern verkehrt, in denen wirklich das Glück wohnte. Es ist auch ganz erklärlich. Die Eheleute können sich immer inniger zusammenschließen. Kinder trennen mannigfach. Mancher Ehegatte vereinsamt, weil den andern die Kinderpflege mit Beschlag belegt. Kinderlose gehören nur einander an. Ihr ganzes Hauswesen ist vereinfacht. Sie sind weit unabhängiger von Dienstboten und haben ungleich weniger Sorgen.

Zwei Menschen zu ernähren ist Kleinigkeit, denn beide arbeiten ja. Einen großen Hausstand erhalten, das verursacht Sorgen, die nur

Eingeweihte kennen. Kinderlosen Ehen sind diese Sorgen erspart. Sie brauchen sich auch nie zu trennen. Wenn in kinderreichen Häusern ein Ehegatte Ruhe und Erholung bedarf, kann der andere sich ihm nur teilweise widmen, auf Reisen ihn gar nicht begleiten, weil die Kinderpflege den einen immer ans Haus fesselt.

Wägt man alles gegeneinander ab, so hat schließlich jeder sehr Schweres zu tragen und keiner Ursache, sich wider den andern zu rühmen. Keiner soll alles Gute haben, aber auch keiner alles Schwere. Unsere Welt ist voll Lasten für jedermann, aber auch voll Freuden, von denen auch der Geringste und Ärmste niemals völlig ausgeschlossen ist. Nur der Verbitterte geht ihrer aller verlustig.

Ich habe daher sehr häufig beobachtet, daß kinderlose Leute bei ruhiger Abwägung des Lebens sich schließlich selbst fanden und viele mit Ruhe, manche sogar mit Freudigkeit ihre Last auf sich nahmen. Es ist auch hier am besten, wenn sich Menschen einfach der Natur anvertrauen, mit sich geschehen lassen, was Gott will, aber das Geschehende mit starker Seele auf sich nehmen.

Um solche her wurde Friede und Freudigkeit. Von ihren Häusern ging viel Gutes aus weithin. Oft in aller Stille. Aber man fühlt ja einem Menschen, einem Hause ab, was für Strahlen von ihm ausgehen. Strahlende Menschen sind mehr als andere befähigt, Sammelpunkte für allerlei Trostbedürftige und Friedlose zu werden. Die Stille kinderloser Häuser ist für viele ein Hort des Friedens, wo sie gerne ruhen und Kräfte sammeln für neue Arbeit.

Hat denn nicht die Einsame oft mehr Kinder, als die den Mann hat? Wenn die Größten unseres Geschlechts zuweilen auf die Ehe verzichteten, um den Vielen dienen zu können, lohnt es sich da nicht, auch innerlich auf Kinder zu verzichten, die die Natur versagt, um sich mit ganzer Kraft dem Ehegatten zu widmen und allen, die Gutes und Frieden bedürfen?

*

Eine Frage soll noch Platz finden, weil sie viele bewegt. Soll man Kinder als eigen annehmen, wenn die Natur sie versagt? Ich antworte darauf auf Grund mannigfacher Erfahrung: Im allgemeinen soll man's nicht tun. Zwischen Pflegeeltern und Kindern bleibt immer etwas Fremdes. Wird es ausgesprochen, so wird es bei jedem

Verdruß deutlich, wird's nicht ausgesprochen, so bereitet man den Kindern eine entsetzliche Zeit, wenn dritte Menschen es ihnen ins Ohr tuscheln. Es muß aber unter allen Umständen offen ausgesprochen werden, denn Verheimlichtes kommt immer heraus und wirkt dann doppelt schwer.

Aber das Annehmen von Kindern ist schon deshalb mißlich, weil zu fremde Geister zusammenkommen. Es ist schon das Einleben in einer Ehe schwer genug, aber mit fremden Kindern ist's kaum möglich. Dann rechnen sich leicht solche Eltern als ungeheure Wohltäter, während die Kinder ihre Erziehung als Selbstverständlichkeit betrachten und schlechthin keinen Sinn für Dankbarkeit haben.

Ich meine auch, sie hätten diesen Sinn nicht nötig. Kinder sind Naturerzeugnis. Wer Kinder aufzieht, tut nur seine Schuldigkeit, wer es an eigenen versäumt, begeht ein Verbrechen. Angenommene Kinder sind nicht anders eingerichtet wie selbsterzeugte, aber fremde Eltern empfinden anders als eigene. Darum ist's im allgemeinen besser, dem Winke der Natur zu folgen und Kinder nicht zu eigen anzunehmen. Es erspart schwere Enttäuschungen.

Selbstverständlich möchte ich keinen Menschen im Wohltun hindern, aber wer Kinder annimmt, muß auch den Gedanken des Wohltuns völlig ausschalten. So wie Eltern, wenn sie Kinder erzeugen, nur sich wollen und an Kinder überhaupt nicht denken, so müssen auch Pflegeeltern nur zur Befriedigung eigenen Bedürfnisses Kinder annehmen, und ihre Mühe und Plage als unausweichliche Selbstverständlichkeit tragen. Dann mag's gehen, wenn auch schwer.

Im allgemeinen wird viel Unheil mit Kinderannehmen angerichtet. Wer es kann, mag's ja tun, aber wer es nicht gut kann, tut besser, wenn er's läßt. Wer sie nicht geboren hat, ahnt ja nicht, wieviel Mühe sie machen, und wer sie geboren hat, achtet der Mühe nicht.

Kinderlose Leute haben aber viel Gelegenheit Wohlzutun. Das wirkt auch befriedigend. Viele tun es auch. Kindererziehung darf nie Wohltat sein, aber die Beihilfe dazu ist's. Ebenso ist's die Ausbildung, die oft kinderlose Leute begabten, armen Kindern gewähren, deren Eltern solche Möglichkeiten versagt sind. Dabei kann man gleichgestimmte Geister, die von selbst gern in die Kindesstelle einrücken, viel leichter finden, und solche Kinder verliert man nicht. Angenommene behält man selten.

Ein sehr großes Hilfsgebiet ist auch die Mitarbeit an der Pflege verlassener oder unerwünschter Kinder. Diese liegt heute noch sehr im Argen. Kinderreiche Leute können sich der Sache wenig oder nicht annehmen, der Staat hat zwar viele »Organe« zu solchem Dienst, aber unter ihnen kein Herz. Wer aber keine eigenen Kinder herzen darf, kann dahin Fürsorge, Arbeit und Liebe wenden.

Kinderlosigkeit ist bedingt durch die fortschreitende Entwicklung im Geiste, der die Erhaltung des Sinnenlebens gleichgültiger wird, und ist weder eine Schmach, noch eine Hintansetzung, sondern eine Aufgabe. Wer die seine versteht und lösen lernt, der wird mindestens das gleiche Glück finden wie der Kinderreiche, in der Regel aber ein höheres, weil er durch viel Schweres gereift ist.

Ohne Ehe.

Ehelosigkeit des Mannes.

Wer eine Ehe nicht eingehen kann, hat die heilige Pflicht, auch wirklich keine Ehe zu schließen.

Man trifft hier und da Ehen, die einfach nicht hätten geschlossen werden dürfen. Leider müssen sich die eheschließenden staatlichen und kirchlichen Behörden zufrieden geben, wenn alle Papiere in Ordnung sind, haben aber kaum die Möglichkeit, auch die Lebensbedingungen selbst zu prüfen.

Um so ernster sollten die beiden jungen Leute, besonders der Mann, aber auch die Eltern der Frau, diese Umstände untersuchen.

Was unbedingt verlangt werden muß, ist die rechnerische vernünftige Überlegung, daß die Ehe ein gesicherter Ort für ein kommendes Geschlecht sein kann.

Damit ist nicht gesagt, daß zur Sicherstellung der Ehe ein Vermögen da sein müsse. Geld vermag nicht, den Menschen sicherzustellen. Die meisten Ehen werden hoffentlich ohne Vermögen geschlossen, und es wäre töricht und naturwidrig, erst heiraten zu wollen, wenn man ein Vermögen erworben hat. Aber Arbeitsfähigkeit und Arbeitsmöglichkeit muß vorhanden sein. Sie sind wertvoller als jegliches Vermögen. Sie muß dem Manne eignen, damit das Weib möglichst ungeteilt Mutterpflichten erfüllen kann.

Die Ehe ist die Erfüllung einer heiligen natürlichen Pflicht gegen werdende Menschen. Eine Ehe, die die Beteiligten nur in triebmäßigem Eigenbegehren schließen, steht jedenfalls sehr tief, auch wenn alle Papiere in Ordnung sind.

Und die Natur straft solche Verfehlungen unnachsichtlich. Welch größere Qual kann es für einen Mann geben, als Weib und Kinder darben zu sehen? Das ist in unverschuldeten Fällen kaum möglich, im Schuldfalle unerträglich.

Das Leben ist eine überaus ernste Aufgabe, der sich kein Gedankenloser ungestraft unterzieht. Am ernstesten werden die Überlegungen, wenn es sich um die Ehefrage handelt, weil an ihr das

Wohl und Wehe mehrerer Menschen hängt, nicht nur das kleine Sonderwohl.

Es kann Pflicht sein, die man nicht ungestraft versäumt, eine Ehe nicht zu schließen. Es kann aber auch ebenso Pflicht werden, eine Ehe einzugehen. Wir fühlen, daß hier höhere Bedingungen walten, die wir schlechthin nicht übersehen, und nennen die Summe dieses Unbegreiflichen und Unerklärlichen Natur.

Die Natur handelt mit uns, nicht wir mit ihr. Sie verlangt, daß wir ihre Forderungen vernehmen und erfüllen und straft uns, wenn wir sie verweigern. Wer Glück will, und jeder will es, kann es nur erlangen im Einklang mit ihrem hohen Gesetz. Auch hier schützt weder Unkenntnis vor Strafe, noch gilt Versehen als mildernder Umstand. Das erfahren alle, die aus irgendwelchen Überlegungen eine mögliche Eheschließung unterlassen. Es gibt Männer, die aus inneren Gründen nicht heiraten, weil die Verbindung mit der Einzigen nicht zustande kam. Die Natur straft sie mit schwerer Vereinsamung, denn sie erkennt die Einzigkeit eines Weibes nicht an. Gäbe es wirklich für den Mann die Einzige, so müßte man auf Grund tausendfältiger Beobachtung sagen, daß sie im allgemeinen überhaupt nicht gefunden wird. Ist es wohl denkbar, daß die Natur nur Eine Verbindungsmöglichkeit wüßte und gerade diese verloren gehen ließe! Sollte das Wunder der unbegrenzten Möglichkeiten und des verschwenderischen Reichtums gerade dem Menschen seinen Reichtum vorenthalten?

Das ist Kurzsichtigkeit und strafbare Enge. Nur Ausnahmemenschen dürfen um höherer Pflichten willen die Ehe vernachlässigen. Sie sind selten, und ihnen darf niemand raten, weil sie höher stehen, als unsere Beratungsfähigkeit. Die weitaus meisten ehelosen Männer heiraten nicht aus Bequemlichkeit oder Feigheit. Die Genußsucht schafft viele taube Blüten der Menschheit. Sie fallen ab und vergehen. Der Wind verweht sie.

Ich habe zu lange in einem Lande gelebt, das Ehelosigkeit einfach nicht kannte, weder für Mann noch Weib, außer als Zeichen geistiger und körperlicher Minderwertigkeit, um nicht den Ernst der in unserem Vaterlande gelegentlich vorhandenen Übelstände klar zu erkennen.

Die Frage der Ehelosigkeit bei Männern gehört auch weder in die Witzblätter, noch in die überflüssigen Reden öffentlicher Persönlichkeiten, sondern ist eine der ernstesten Gewissens- und Lebensfragen, die jeder vor sich streng und ernst erwägen sollte, den es angeht. Ein Volk, in dem die Junggesellen und die verspäteten Heiraten überhand nehmen, wird nicht lange gesund bleiben. Solche Dinge sind immer das unverkennbare Zeichen ungesunder Zustände, zu deren Besserung jeder Volks- und Menschenfreund die Hand bieten sollte. Die heute geübte Ehelosigkeit von Männern sollte als ehrenrührig im öffentlichen Bewußtsein gebrandmarkt sein, besonders, wenn sie mit Zuchtlosigkeit gepaart ist. Sie ist auch eine Schädigung des Vaterlandes, die in den ernsten großen Zeiten, deren es gewürdigt worden ist, vor dem Gewissen des Einzelnen und dem Urteil der Gesamtheit nicht bestehen kann.

Es wird weder der Einzelne noch die Gesamtheit auf die Dauer dabei ungestraft bleiben, denn jede Vernachlässigung einer natürlichen Pflicht trägt ihre Strafe in sich selbst.

Ehelosigkeit des Weibes.

Die Ursachen der Ehelosigkeit sind bei den Geschlechtern grundverschieden. In der Regel liegt es so: Der Mann hat nicht gewollt, das Weib ist nicht gewählt worden. Jedes natürlich empfindende Weib verlangt nach dem Manne, aber ihrer viele werden nicht gewählt.

Folglich sind auch die Wirkungen verschiedene. Das Weib blieb ohne seine Schuld allein, demnach bleibt sein Leben nicht so nutzlos, wie das des Mannes. Es waltet überall eine ewige Gerechtigkeit, wenn auch viele sie nicht sehen können.

Jedenfalls ist die Zahl der wertvollen Frauen, die ehelos bleiben mußten, weit größer als die Zahl der Männer. Für den Mann ist die freiwillige Ehelosigkeit nur berechtigt, wenn er, den Durchschnitt weit überragend, seine Dienste der Menschheit wertvoll machen kann. Die Frau vermag auch ohne Ehe in den weitaus meisten Fällen sehr Nützliches zu leisten.

Ehelosen Frauen verdankt die Familie, die Gesellschaft, die Menschheit, sehr wesentliche Güter. Unendlich viel selbstlose Hilfe in der Krankenpflege, Kinderzucht, allgemeinen gesellschaftlichen

Mißständen, geht gerade von der Frau aus, die mit mütterlichem Scharfblick die Not sah und empfand und ihre Hilfsbereitschaft für die Allgemeinheit einsetzte, wo ihr die treue Arbeit am eigenen Herde versagt blieb. Dazu kommt noch, daß weitaus die meiste Arbeit solcher Frauen ohne Lärmen in der Öffentlichkeit, oft in unscheinbarster Verborgenheit, geleistet wurde und wird.

Tatsächlich steht es so, daß ohne weibliche Hilfskräfte das Leben noch ungleich schwerer wäre, als es ist. In unseren deutschen Kolonien in Rußland gab es keine verschmähten Frauen, denn jedes Mädchen wurde früher oder später geheiratet. Da sah man erst, wie wertvoll die Hilfskraft unverheirateter Frauen ist. Die Führung eines Haushaltes war unsagbar schwer, weil es überall an weiblichen Kräften fehlte.

Es kommt bei der weiblichen Ehelosigkeit noch eines in Betracht. Das Weib empfindet geschlechtlich jedenfalls zarter als der Mann. Die Auswahl seiner möglichen Verbindungen ist folglich weit geringer als bei dem Manne, die innere Unmöglichkeit, eine Ehe einzugehen, größer. Die ehelosen Frauen sind keineswegs alle verschmäht oder nicht beachtet worden, sondern viele konnten sich einfach zu den gebotenen Möglichkeiten nicht entschließen. Sie folgten darin einem sehr feinen Empfinden und gehorchten auch einer Stimme der Natur.

Die Natur will keineswegs nur das Geschlecht erhalten. Sie will es auch veredeln. Gerade diesem Streben dient das weibliche Empfinden. Folglich gebietet ihr oft die Stimme der Natur, mögliche Verbindungen nicht einzugehen.

In solchen Fällen sollte die Frau, auch wenn sie umworben ist, freiwillig ehelos bleiben, bis sie wirklich mit ganzer Seele zustimmen kann. Unter Umständen kann sie's nie. Gehorcht sie diesem Triebe nicht, so wäre ihr unter allen Umständen eine sehr schwere Ehe vorauszusagen, deren Last sich obendrein noch durch verkümmerten Nachwuchs erschweren könnte.

Es ist ganz verkehrt und unbeschreiblich roh, ein Mädchen zwingen zu wollen, eine Verbindung einzugehen, gegen die sich feine Natur sträubt, auch wenn sie anscheinend noch so günstig und metallisch gleißend ist. Würden wir mehr auf die Stimme der Natur achten, bliebe uns unsagbar viel Not und Elend erspart. Jede Familie, jedes Volk, die ganze Menschheit sollte dafür sorgen, daß erzwungene Verbindungen als Verbrechen gebrandmarkt werden.

In jedem Falle ist's für die Frau viel leichter, ganz ehelos zu bleiben, als ohne innere Freudigkeit einem Manne geopfert zu werden. Und der Nutzen, den ihr Leben bringen kann, ist sehr wertvoll. Gerade mit der Hilfe, die eine Frau leisten kann, wenn sie ihrem natürlichen Empfinden ungehemmt zu folgen vermag, ist das gegeben, was die Natur will, die Veredelung des Geschlechts. Eine Frau kann Dinge leisten, die auch dem besten Manne versagt bleiben. Sie muß nur frei ihrer edelsten Natur folgen können, sich mit vollem Herzen als freier Mensch gewähren oder versagen. In diesem Falle gewährt ihr auch ein eheloses Leben hohe Befriedigung. In wessen Leben hätten nicht Frauen, deren Freundschaft außer der Sinnlichkeit stand, veredelnden und fördernden Einfluß gehabt! Wer das nicht erlebt hat, dem ist ein hohes Lebensgut versagt geblieben.

Jedenfalls ist's hohe Zeit, daß mit der törichten Vorstellung gebrochen wird, als seien ehelose Frauen durchaus verschmäht und folglich verbittert.

Es gibt freilich nicht wenig verschmähte Frauen, die durchaus die Ehe als dringendstes Lebensbedürfnis empfinden. Es ist kein Wunder, wenn ihrer viele verbittert und schwierig werden, weil ihnen gerade der Hauptinhalt des Lebens versagt blieb, und weil es eine öffentliche Meinung gibt, die ihnen unter dem Vorgeben der Sittlichkeit mit unglaublicher Rohheit und Fühllosigkeit begegnet, indem sie jede außereheliche Verbindung als unsittlich brandmarkt.

Ich hoffe, es wird einmal als wahre Sittlichkeit gelten, in jedem Menschen den Menschen zu ehren, und ihn nicht nach Buchstaben und Anschein wegzuschätzen, sondern sich die Mühe zu geben, seinen wahren Wert aufzusuchen.

Frauen, die der Ehe bedürfen, haben's sehr schwer, wenn sie ihnen versagt bleibt. Aber auch hier gilt, daß kein Ding und kein Entbehren in sich selbst ein Glück oder ein Unglück ist. Es hängt alles nur ab von unserer Haltung. Auch zum Unglück kann etwas nur werden, wenn wir's ihm gestatten. Nehmen wir's aber mutig her und probieren unsere Kräfte daran, so kann jedes Schwere umgewandelt werden in goldenes Glück.

Es hat auch viele ehelose Frauen gegeben und gibt es noch, die gerade in der Ehelosigkeit die ganze Schönheit ihres Wesens offenbaren. Äußere Schönheit verwelkt, diese ist unverwelklich. Ich habe nicht wenig ehelose Frauen kennen gelernt, von denen Sonnenschein über ihre ganze Umgebung strahlte. Aber freilich, es waren Menschen, die sehr ernst arbeiteten, und deren Leben viel Schweres aufwies.

Glück und Unglück schaffen die Menschen, nicht die Verhältnisse, und wer einsam ist, der suche eine ernste Arbeit unter den Menschen. Dadurch wird bald die Einsamkeit ihre Herbheit verlieren. Wer von der Ehe ausgeschlossen ist, ist's noch lange nicht vom Glück des Lebens. Nur wer die Arbeit meidet, der ist's und bleibt's auch.

Die Ehescheidung.

Man soll Ehen nicht scheiden. Gewiß nicht. Man wird aber nicht verhindern können, daß sie gelegentlich zerbrechen. Darf man sie dann scheiden?

Auf diese Frage darf der Freund des Menschen keine andere Antwort haben als ein klares, unbedingtes Ja.

Wir leben heute noch in Zuständen, die in ihrer unnötigen Erschwerung von Ehescheidungen einfach unerträglich sind. Diese Zustände sind behördlich, gesetzlich verfestigt und wehe den Unglücklichen, die oft mit geringer Kenntnis paragraphenmäßiger Aktenweisheit sich aus den Netzen der Kleinlichkeitskrämer zu befreien suchen müssen.

Augenblicklich sind Menschen, die in unerträglicher Ehe leben, ganz auf sich allein angewiesen, diese Ketten zu zerreißen. Es wäre die Pflicht aller vernünftig denkenden Menschen, sonderlich der Volksvertretungen, unser gesamtes Eherecht einer so weitgehenden Durchsicht zu unterwerfen, daß Ehen schließenden Menschen auch auf ehrliche, menschenwürdige Weise ein Ausweg geöffnet wird.

Ist die Ehe ein Boden der Wahrheit, so muß die Wahrhaftigkeit auch zu ihrem Rechte kommen, wo Ehen gelöst werden müssen.

Haben Mann und Weib das Recht, eine gesetzlich gültige Ehe zu schließen, so müssen sie auch das Recht haben, sie vor den Augen des Gesetzes zu lösen.

Die Gesetzgebung hat dann die Pflicht, Vorkehrungen zu treffen, daß im Bereiche der beiden Beteiligten und ihrer Kinder rechtlich alle Folgen geregelt werden. Aber eine Ehescheidung mit allen Kniffen rechtsprecherischer Schwerfälligkeit zu hindern, hat sie nicht das Recht.

Es ist verwunderlich, daß diese Erkenntnis dem zwanzigsten Jahrhundert noch immer nicht aufgehen zu wollen scheint. Ist es überhaupt menschlich vernünftig, das, was einmal nicht zusammenhält, künstlich zusammenzuschweißen? Es mag das bei Dingen oft von glänzendem Erfolge begleitet sein, bei Menschen ist's roh, ist's unmöglich.

Der tief eingesessene Irrtum in der Haltung der Gesetzgebung Ehescheidungen gegenüber, kann nur verstanden werden, wenn man ihn einmal geschichtlich rückwärts nach seinem Ursprunge zu verfolgt.

Da fällt zunächst auf, daß er offenbar religiöse Ursachen hat, und damit wäre sowohl seine Langlebigkeit als auch seine Unnachgiebigkeit genügend verständlich.

Es ist besonders eine Gesetzgebung christlicher Beeinflussung, die die Ehescheidung so schwierig gestaltet hat. Das Judentum hat eine leicht lösliche Ehe. Es verlangt nur beiderseitige Einwilligung zur Scheidung und löst sie dann ohne Weitläufigkeiten, nur darauf bedacht, daß die Verhältnisse aller Beteiligten vernünftig und gerecht geregelt werden.

Dagegen gibt's christliche Religionsgebilde, in denen die Ehe überhaupt für unlöslich gilt. Dahin gehört z. B. das griechische und russische Christentum, für fast unmöglich sieht das römische Christentum die Ehescheidung an. Merkwürdigerweise sind das alles solche, die sich zugleich einer Eheverachtung schuldig machen und lehren, der ehelose Zustand sei vor Gott wohlgefälliger.

Verfolgt man nun die Gesetzgebung der Staaten, so sieht man, daß sie überaus stark gerade von diesen Christentümern, die die

Ehe offenbar nicht richtig zu würdigen verstehen, beeinflußt worden sind.

Dabei ist auffallend, daß sich alle in ihrer Haltung gemeinsam auf keinen geringeren berufen, als auf Jesus. Das ist an sich verwunderlich. Wir kennen Jesus als den großen Menschenfreund, der die Menschen von jeglicher Hölle erlösen wollte. Sollte an der ehelichen Hölle seine Macht scheitern? Etwa, weil er selbst ehelos war und die Ehe aus eigenem Erleben nicht kannte? Dann dürfte aber der Schluß sehr naheliegen, daß jemand, der in Ehesachen nicht helfen und raten kann, in anderen Fragen auch versagen müßte.

Wir müssen durchaus einen Augenblick bei dieser Frage verweilen, denn sie hat tief in unsere Entwicklung eingegriffen und ist's noch heute, die zahllose Menschenleben zur Hölle umgestaltet.

Oder sollte am Ende Jesus jahrhundertelang mißverstanden worden sein? Ich weiß genau, daß das in erdrückendem Umfange geschehen ist. Besonders schmerzlich und wehtuend ist's in dieser Frage geschehen. Ihre Behandlung möge hier breiteren Raum finden.

*

Die Worte Jesu lauten: Es ist gesagt: Wer sich von seinem Weibe scheidet, der soll ihr einen Scheidebrief geben. Ich aber sage euch: Wer sich von seinem Weibe scheidet – es sei denn um Ehebruch – der macht, daß sie die Ehe bricht, und wer eine Abgeschiedene freit, der bricht die Ehe.

Dieses Wort wird verständlich gemacht durch ein zweites, das überhaupt das treuere sein dürfte: Wer sich scheidet von seinem Weibe und freit eine andere, der bricht die Ehe; und wer die Abgeschiedene freit, der bricht auch die Ehe.

Aus diesen Worten zog das Christentum folgenden wundersamen Schluß: Ehescheidung ist gleichwertig mit Ehebruch, Ehebruch ist aber verboten. Folglich ist auch die Ehescheidung gesetzlich zu verbieten.

Eine Ausnahme war vorgesehen: der Ehebruch eines Teiles. Also der weitere Schluß: Ehebruch des einen Teiles ist berechtigte Ursache der Ehescheidung. Der unschuldige Teil darf sich aufs neue verehelichen, der schuldige aber nicht. Denn wer den schuldigen Teil heiratet, begeht bekanntlich auch einen Ehebruch.

Natürlich konnte sich mit diesem allgemeinen Satz die Gesetzgebung nicht zufrieden geben. Sie mußte klar aussprechen, was Ehebruch heißt. Jesus gab glücklicherweise darüber keinen Aufschluß, also tat es das Gesetz und erklärte: Ehebruch ist die außereheliche Geschlechtsverbindung.

Dieser Ehebruch muß aber gesetzlich nachgewiesen werden, um ein klar geformter Ehescheidungsgrund zu sein. Und nun erfanden die theologischen und juristischen Gesetzgeber die tolle Forderung, daß ein Ehebruch nicht durch das Geständnis der Beteiligten, sondern nur durch dritte Menschen als Zeugen erhärtet werden könne. Also schied für das wirkliche Leben dieser Ehescheidungsgrund fast völlig aus, und das Auseinandergehen wurde ungemein erschwert.

Für die Wirklichkeit des Lebens war man gezwungen, nur einen einzigen Ehescheidungsgrund zuzugeben, das bösliche Verlassen. Sogar der Staat sah ein, daß eine Ehe gelöst werden müsse, in der die Ehegatten einander völlig verlassen. Aber in diesem Falle kostet eine Ehescheidung viel, viel Zeit. In der Regel sind's Jahre. Außerdem sind die Kosten so hoch, daß nicht jedermann den Rechtsweg beschreiten kann.

Sollte Jesus das wirklich alles gewollt haben? Hat man ein Recht, um seiner Worte willen solche Gesetze zu erlassen? Ich sage euch, wer solche Gesetze gibt, der macht, daß sie die Ehe brechen.

Warum hat Jesus eigentlich die in Rede stehenden Worte gesprochen? Sie sind unzweifelhaft an Menschen gerichtet, denen er ansah, daß sie das Reich Gottes erfaßt hatten. Ihnen wurde bei dieser Gelegenheit ins Gewissen geschoben, daß schon ein Ehebruch in Gedanken, ein begehrlicher Blick, von denen auch sehr religiöse Menschen nicht immer frei sind, vor Gott ein wirklicher Ehebruch ist.

Diesen Ausnahmemenschen kann allerdings gesagt werden: *Ihr* dürft euch überhaupt nicht scheiden, außer ein Ehebruch liegt vor.

In diesem Falle seid ihr selbstverständlich dem Ehegatten nicht mehr verpflichtet.

Also behandelt Jesus die Ehe als Gewissensfrage. Folglich können doch seine Ausführungen nicht Grundlage eines Staatsgesetzes sein. Der Staat kann nur Gesetze erlassen, die der Wirklichkeit und den Bedürfnissen seiner Angehörigen entsprechen. Also keine Gewissensregeln. Es kann doch Menschen geben, die weder von Jesus, noch vom Reich Gottes, noch vom Christentum etwas wissen wollen. Auch damals gab's solche, und der Staat muß ihnen Daseinsmöglichkeit bieten, denn sie sind oft sehr brauchbare und wertvolle Staatsbürger. Sobald solche nur in der Minderheit da sind, darf der Staat sich nicht einmal christlich nennen und gebärden. Ein christlicher Staat wäre der Verführer zur gemeinsten Heuchelei.

Das staatliche Eherecht christlicher Herkunft beruht also auf der unglaublichsten Verwechslung von Gewissens- und Rechtsfragen. Man begreift gar nicht, wie sich durch die Jahrhunderte solche Gesetze und Rechte als ewige Krankheit fortschleppen konnten.

Wenn Theologen und Juristen in ihrer oft so rührenden Verkennung des Tatbestandes ein Gericht zusammensetzen, so darf die Menschheit sich nicht wundern, wenn es ungenießbar ist.

Hier sollte der gesunde Menschenverstand sich endlich durchsetzen. Dieser sagt aber: *Der Staat hat ausschließlich die Rechtsfragen zu entscheiden.* Was vor dem Staate gilt, muß vor dem Staat verantwortet werden. *Die Gewissensfragen sind heiliges Privateigentum der Leute.* Da hat kein Mensch das Recht hineinzusprechen. Auch die Religionen haben nur das Recht der allgemeinen Belehrung. Sonderberatung dürfen auch sie erst gewähren, wenn sie nachgesucht wird.

Der Staat hat die Aufgabe, jeden Beteiligten vor bürgerlicher Ungerechtigkeit zu schützen, und die Folgen einer Ehescheidung, die an sich schwer genug sind, bürgerlich rechtlich zu ordnen. Will er zum Schutze der Ehe irgendwelche Zwangsmaßregeln ausüben, so wird er nicht die Ehe schützen, sondern geheimen Ehebruch und Heuchelei fördern. Man braucht den Kindern unserer Tage nicht erst zu sagen, daß das im gänzlichen Mißverstehen des reinsten Menschen reichlich geschehen ist.

Es wird aber hohe Zeit, daß endlich, endlich Licht werde in der rechtlichen Begriffsverdunkelung und neuzeitliche Wahrheiten auch in das Eherecht eindringen, damit die wahre Ehe allmählich die Zwangsehe ersetzen kann. Die wahre Ehe gedeiht nur in der

Freiheit, nicht im Zwang, und die Freiheit erhebt heute zu mächtig ihre Stimme, als daß sie länger ungehört verhallen dürfte.

Der Ehescheidungsgrund

Es gibt nur einen einzigen wirklichen Grund, eine Ehescheidung vor dem Gesetz wirklich zu beantragen. Diesen hat schon vor mehr als 3000 Jahren die jüdische Gesetzgebung erkannt und erkennt ihn heute noch an. Mit ihr sind vermutlich einig aller Völker Gesetze außer den christlichen, und dieser eine Grund ist menschlich vernünftig und naturgeschichtlich begründet. Das ist der klare Wille von Mann und Weib, eine eingegangene Ehe nicht weiterzuführen.

Ob die Ursachen, die zu diesem einmütigen Entschlusse brachten, unüberwindliche seelische oder körperliche Abneigung, Ehebruch, oder auch nur Unfruchtbarkeit sind, ist ganz gleichgültig. Eine Ehe, die zwei Menschen einfach nicht mehr führen wollen, ist zerbrochen und kann nur von ihnen selbst, aber von keinem Außenstehenden, weder Eltern, noch Kirche, noch Staat geheilt werden.

Die Beteiligten werden auch alle Folgen der Ehescheidung zu tragen haben. Darüber sollen sie sich völlig klar sein. Zerbrochene Ehen bedeuten zugleich zerbrochene Leben. Das sind Nöte, von denen man sich nie völlig erholen kann. Nöte für zwei Geschlechter, das gegenwärtige und das kommende.

Darüber müßte vor der Eheschließung die ausführlichste Belehrung erteilt werden, ebenso durch die Eltern als durch Kirche und Staat. Aufgabe der Gesetzgebung ist es dann, genau die bürgerlichen Folgen zu regeln, daß jede Ungerechtigkeit tunlichst vermieden wird, und jeder Beteiligte sein menschliches Recht zugebilligt bekommt. Namentlich dem Manne wird es zufallen, dafür Sorge zu tragen, daß das Weib und die etwaigen Kinder sichergestellt werden. Das alles gerecht zu ordnen, ist schwer, aber nicht unmöglich.

Besonders schwer ist's, wenn Kinder vorhanden sind. Für sie bedeutet die zerbrochene Ehe der Eltern zugleich ein zerbrochenes Elternhaus, eine verstörte Jugend. Für sie müßten die eingehendsten Schutzvorrichtungen getroffen werden.

Für Kinder ist aber oft genug eine geschiedene Ehe der Eltern besser als dauernde Unstimmigkeit bei zwangsweisem Beisammenleben. Letzteres bedeutet unabwendbar eine vergiftete Jugend, die die schwersten Lebensfolgen haben kann.

Der inneren Gründe, die zwei Menschen zu einem so furchtbaren Entschlüsse, wie eine Ehescheidung ist, treiben können, sind mancherlei. Auf sie einzugehen, verbietet sich im Rahmen dieses Buches. Sie können auch nur in jedem Falle besonders besprochen werden.

Es soll aber ja niemand glauben, daß Gründe zur Ehescheidung auch ohne weiteres Verpflichtungen zur Ehescheidung sind. Nicht einmal Ehebruch verpflichtet zur Trennung. Das gehört auch zu der religiös angebahnten Verwirrung, daß die Menschen meinen, sie müßten gesetzlich berechtigten Ursachen ohne weiteres gesetzliche Folgen geben.

Es läßt sich, um das Schulbeispiel festzuhalten, ebensowohl bei dem Ehebruch der Frau als des Mannes denken, daß die Ehe nicht gelöst wird, weil zwischen den Beteiligten das große Verzeihen wohnt. Verzeihen ist viel größer als Rechtsverfolgung.

Berechtigte Ehescheidungsgründe können geradezu dienen, die Ehe zu festigen, und Festigung der Ehe ist ein Lebensbedürfnis für Mann und Weib, Gesellschaft und Staat.

Würde ich jemals von Eheleuten um Rat gefragt, ob sie eine Ehe weiterführen sollen oder nicht, so würde ich in erster Linie unbedingt bejahen. Es ist gewissenlos, dritte Leute zur Scheidung zu mahnen, aber es gibt genug neuzeitliche Propheten, die dafür kein Empfinden haben.

Jede Ehescheidung stellt eine Unfähigkeit zweier Menschen dar, mit Schwierigkeiten des Lebens fertig zu werden. Die Nöte des Seins sind da, und wir werden sie nicht wegräumen. Gott sei Dank, daß sie da sind. Nur an der Not wächst sich das Sein des Menschen zu wahrer Vollkommenheit aus. Der Mensch und vollends zwei Menschen, ein Mann und ein Weib, sind stark genug, auch sehr große Nöte zu überwinden.

Wird das Verstehen eines dritten Menschen in Ehescheidungsfragen in Anspruch genommen, so ist ein Raten zur Trennung nur dann denkbar, wenn man an der Kraft und Fähigkeit der Auseinanderstrebenden verzweifeln muß. Dann aber muß die ganze Last dieses furchtbaren Bruches ihnen aufs Gewissen gelegt werden. Wehe dem Menschen, der sein Ansehen einsetzt für einen so entscheidenden Schnitt in das Leben anderer Leute!

Es soll sich ja niemand unterwinden, sich dabei auf Jesus zu berufen. Vor ihn hatten sie ja auch einmal ein Weib geschleppt, dessen Ehebruch sie ausgelauert hatten. Da sagte er nur: Ich verurteile dich nicht. Offenbar ließ er den Ehebruch nur als Scheidungsursache gelten, »um der Herzenshärtigkeit willen« der Seinen.

Ebenso dürfte es mit allen anderen Gründen stehen. Wenn zwei Menschen, trotz aller Möglichkeiten auseinanderzugehen, dennoch festhalten und aneinander glauben, die haben das gute Teil erwählt. Wer von seinem Rechte Gebrauch macht, mag zusehen, wie er's vor sich selbst verantworten kann. Es gibt einen strengen Richter, der unbestechlich und unnachsichtig ist, das ist der Mensch selbst.

Das Gesetz mag den Menschen die Ehescheidung erleichtern. Das schadet gar nichts. Es gehört zur Aufrechterhaltung der Würde des Menschen.

Man sieht das ganz deutlich am Judentum. Niemand kann behaupten, daß seine leicht lösliche Ehe der christlichen, fast unlöslichen, an Festigkeit irgendwie nachstünde. Oft ist das Gegenteil der Fall.

Die Ehe wird durch größere Freiheit noch lange nicht entheiligt, auch dann nicht, wenn zunächst eine Zeit hereinbrechen sollte, in der die Menschen unglaublich leichtsinnig auseinandergehen. Das wäre ein Übergang, der nicht viel zu bedeuten hat und sicher bald überwunden würde.

Aber der Mensch muß so erzogen und belehrt werden, daß den Leuten die Ehescheidung zur innerlichen Unmöglichkeit wird. Nicht Gesetz und Sitte, wohl aber die Anschauung des Einzelnen muß die Lösung der Ehe als Verbrechen am Leben aller Beteiligten erkennen lernen.

Es ist eines, nur kann man es mit keinem Paragraphen des Staatsgesetzes verurteilen. Wer immer seine Ehe scheidet, bringt einen Riß in sein und seines Ehegatten und aller Kinder Leben.

Das kann wohl berechtigt sein, aber nur, wenn dieser Riß weniger gefährlich ist als der, den das Beisammenbleiben reißt. Trennung vermag oft heilend, Zusammenleben zerstörend zu wirken. Das ist schwer zu erkennen und mit voller Sicherheit festzustellen. Aber nur in solchem Falle ist jemand fähig, die Verantwortung für den Riß auf sich zu nehmen.

Es geht wie bei dem Arzte. Er muß zuweilen in ehrlichster Überzeugung ein Menschenleben durch einen tiefen Eingriff gefährden. Er kann es aber nur tun, wenn jede andere Haltung den sicheren Verlust bedeuten würde. Solche Eingriffe werden ja sehr häufig mit vorzüglichem Erfolge vorgenommen, und diese Erfolge sind Verteidigung genug. Aber ein also Behandelter wird trotz des Gelingens nur in sehr seltenen Fällen sagen können, daß er seine frühere Kraft und Frische wiedererlangt hat.

Ehescheidungen sind oft notwendig und verbessern unhaltbare Zustände, aber in der Regel bleibt irgendwo eine Narbe, die gelegentlich schmerzt. Da aber einzig Mann und Weib die Verantwortung auf sich nehmen können, soll man sie dabei weder drängen noch hindern.

Freie Liebe.

Mit diesem Schlagworte wirb heute so viel gearbeitet, daß wir es nicht übergehen können, wenn von der Ehe die Rede ist.

Namentlich ist hier eine strenge Abgrenzung notwendig. Von freier Liebe als Jagdgebiet sinnlichen Genusses können wir hier nicht sprechen. Solches Begehren ist weder frei noch Liebe. Das Verlangen würde auch nicht gerade von der Frau ausgehen, denn es wäre nicht notwendig, auch gar nicht denkbar, daß sie solche Wünsche in breiter Öffentlichkeit äußerte. Es sind aber sehr ernst zu nehmende Frauen, die heute von freier Liebe reden.

Ebensowenig kann hier gesprochen werden von einem Verhältnis, das zwei Menschen bewußt für vorübergehende Zeit eingehen, sei es zum Zwecke von Kindererzeugung, wie es bekanntlich seiner Zeit der Prophet Hosea tat, oder bloß geschlechtlichen Umgangs. Solche Möglichkeiten gehören deshalb nicht hierher, weil von Ehe geredet wurde. Das ist aber keine Ehe. Es ist sogar ein Zustand, gegen den sich Sitte und Gesellschaft sehr wehrt, weil der Staat der

Ehe ausschließlich zur Vermehrung bedurfte und zu befürchten steht, daß bei nicht sehr hochstehenden Menschen durch solche Möglichkeiten die Vermehrung leiden würde. Das ist auch nicht der Zustand, den alle meinen, wenn sie von freier Liebe reden.

Was von freier Liebe hierher gehört, ist so gut eine Eheschließung wie jede andere und birgt so viel Pflichten wie jede Ehe. Eigentlich noch mehr. Denn sie wird vor Richtern geschlossen, die man mit Paragraphen nicht betrügen kann, vor zwei Menschen, die vor sich selbst die Achtung verlieren würden, wenn einer dem andern seine Versprechungen nicht einhalten wollte.

Daraus folgt allein, daß freie Liebe nur unter hochstehenden Menschen mit zarten Gewissen möglich ist, die ihrer Ehrenhaftigkeit bewußt sind.

Gibt es heute solche? Ohne Zweifel mehr als der Durchschnitt ahnt. Aber man bedarf noch mehr dazu als zartfühlende Menschen. Auch eine zartfühlende Gesellschaft, eine richtig empfindende Gesetzgebung.

Davon sind wir sehr weit entfernt. Solange Ehescheidungsprozesse geführt werden, die in verborgensten und unaussprechlichsten Verhältnissen herumwühlen, ist die Verwirklichung freier Liebe fast unmöglich. Ebenso solange die vermeintlichen Sittlichkeitsanschauungen einer Gesellschaft so steif sind, daß sie nur sich und ihre Weise anerkennen.

Freie Liebe ist kein gutes Wort, jedenfalls ein sehr mißverständliches Wort. Es sollte heißen »Gewissensehe«. Damit würde scharf ausgedrückt werden, was gesagt werden soll.

Zweifellos würde die Gewissensehe einen großen Fortschritt der Menschheit bedeuten, das Ersteigen einer ganz neuen Stufe der Sittlichkeit.

Die unterste Stufe war die Keinehe. Darauf folgte die Vielehe, darauf die Einehe, darauf die Zwangsehe. Die höchste Stufe wäre die Gewissensehe.

Diese nimmt nicht weniger Pflichten auf sich, sondern mehr, denn sie stellt alles auf die empfindliche persönliche Ehre. Unser heutiges Ehrbewußtsein ist aber viel zu schwach entwickelt, als daß wir im allgemeinen Ehen mit dem ganzen Gewicht ihrer Schwere und Lebensbürde darauf aufbauen könnten. Unser Ehrbewußtsein stützt sich auf Standes- und Buchstabenrecht, und dieses bestimmt unsere Sitte und den Begriff unserer Sittlichkeit. Erst wenn uns der Begriff aufgeht, daß Ehre gleichbedeutend ist mit Menschlichkeit und alles Unmenschliche zugleich das Unehrenhafte ist, erst dann erreichen wir die höhere Stufe, auf der eine Gewissensehe nicht nur möglich, sondern auch sehr wünschenswert ist.

Es war ein großer Fortschritt, als in das Bewußtsein einiger abendländischer Völker der Grundsatz eindrang: gleiches Recht für alle. Ein noch größerer Fortschritt wird sein, wenn es heißt: gleiche Ehre für alle.

Wer heute der freien Liebe dienen will, den werde ich nie hindern. Aber zur Erwägung möchte ich ihm doch folgendes stellen.

Er kommt seinem Ziele nicht dadurch näher, daß er unter Mißachtung bestehender Gesetze und Anschauungen neuartige Verbindungen kurzerhand eingeht, sondern am besten ist dem Fortschritt zur Gewissensehe gedient, wenn er sich vorläufig noch unter überlebte Rechte beugt, aber durch sein ganzes Sein und allen ihm zu Gebote stehenden Einfluß dafür sorgen hilft, daß die Menschheit so hoch gehoben wird, daß sie staatlichen und kirchlichen Zwanges entraten kann und über das Gesetz gestellt wird, weil sie die wahre Freiheit und Menschlichkeit erlangt.

Heute ist unsere sehr verbesserungsbedürftige Sitte und allgemeine Anschauung eine zähe Macht, an der auch starke Geister zerbrechen können. Man kann sie nicht so bekämpfen, daß man sich einfach über sie hinwegsetzt.

Schon der Kampf gegen die bestehende Sitte kann Menschen zerreiben, aber schwerlich wird jemand obsiegen, wenn er noch den Kampf und die Sorge für Nachkommen dazu hat und ihnen das Recht in ihrem einstweilen ungesetzlichen Dasein erringen soll. So viel Kraftaufwand wird selten Menschen gelingen.

Es ist freilich wahr. Unsere Enkel werden einmal das zwanzigste Jahrhundert sehr mitleidig belächeln und es völlig unbegreiflich finden, daß unter uns noch Menschen zur Welt kamen, deren bloßes Geborensein einen Makel bedeutete. Daß ein Mensch entehrt ist, bloß weil er geboren ist, weil seine Zeugung nicht nach den Regeln und unter dem Schutze gestempelter Papiere vor sich ging, klingt wie ein Märchen vor den Ohren des Menschenfreundes. Es ist aber eine harte, unerbittliche, wenn auch geistig überlebte Tatsache, die noch heute besteht. Es wäre zu wünschen, daß es einmal unmöglich wird, daß Menschen schon einen gesetzlichen Mangel durch ihre bloße Geburt mit zur Welt bringen.

Noch besteht die Tatsache grausam, daß wir geliebte Kinder haben können, deren bloßes Dasein ungesetzlich ist, und denen mit allen unschönen Beigaben des Spottes und Hohnes der Eintritt in Schulen, Staats- und sogar Privatdienst erschwert und unmöglich gemacht wird. Darum mag man sich wohl überlegen, ob man kurzerhand auf freie Liebe seine Ehe gründet.

Wir haben Pflichten auch gegen ungeborene Kinder. Darüber muß eine verständige Erziehung schon jedes Schulkind aufklären. Der natürliche Zweck einer ehelichen Verbindung, mag sie Zwangsehe oder Gewissensehe sein oder heißen, muß durchaus die Möglichkeit der Nachkommenschaft einbeziehen. Also muß die entscheidende Frage sein: Wie werden unsere Kinder unsere Verbindung, der sie alle Lebensbedingungen verdanken, beurteilen? Kinder sind strenge Richter und werden einmal richten, wenn wir längst nicht mehr darauf eingerichtet sind. In das Licht dieser Erkenntnis muß jede Betätigung der freien Liebe gestellt werden.

*

Trotzdem ist nichts wünschenswerter, als daß alle denkenden Menschen auf die Ermöglichung der Gewissensehe hinarbeiten. Ich meine aber, man sollte ohne zwingende Gründe den zweiten Schritt nicht vor dem ersten tun. Der erste Schritt ist die Änderung der Rechtslage der Nachgeborenen. Es muß endlich als Rechtsgrundsatz anerkannt werden: Gleiches Recht für alle Geborenen. Ferner die unbedingte Zuerkennung des Namens und aller damit verbundenen Rechte, sobald ein Vater ein Kind als das seine erklärt. Und noch etwas. Die gesellschaftliche Anerkennung jeder Mutter.

Sind wir so weit? Noch lange nicht. In meiner Erfahrung habe ich einen wertvollen Gradmesser unserer Fortschritte in der Beobachtung, wie sich Mütter verhalten. Solange Frauen es nicht über sich gewinnen können, vor aller Welt ihre Mutterschaft zu verteidigen und für die Folgen ihrer eigenen Schritte einzutreten, solange glaube ich nicht an die heute allgemeine Möglichkeit einer Gewissensehe.

Wenn unter den Hunderten, die alltäglich in den Spalten unserer Tagesblätter ihre Kinder in falscher Scham feilhalten, nur einige wenige, wären's auch nur geschäftlich unabhängige Frauen, ihre Mutterpflichten offen ausüben wollten, würde es bald anders stehen um die heute geltenden, vielfach verkehrten Anschauungen.

Ich wünsche sehr die Herbeiführung der Gewissensehe. Aber wir brauchen wahre Menschen dazu. Solche Dinge lassen sich nicht machen, sie müssen wachsen. Aller Fortschritt kommt wachstümlich. Aber das ist ganz gewiß. Über unsere verkehrte Zwangsehe muß die Gewissensehe hinauswachsen, wie die Einehe über die Vielehe hinauswuchs.

Die Gewissensehe ist nicht leichter löslich als die Zwangsehe, sondern schwerer. Es ist schon heute ein schwerer Irrtum, wenn jemand meint, man könne ebenso glatt auseinandergehen, wie man leicht zusammenkam. An diesem Irrtum hat schon bei manchem Menschen ein verfehltes oder gar plötzlich abgebrochenes Leben gehangen.

Die Gewissensehe ist heiliges Menschenrecht, wird aber nur gegründet auf die ernste Menschenpflicht. Es soll ja niemand wähnen, daß er ohne schwere Pflichten große Rechte erlangt. Aber es ist kein Zweifel, die Menschheit wird sich auch auf die höchsten Stufen des Seins emporkämpfen. Ob wir's erleben oder nicht, ist gleichgültig. Uns ziemt es einstweilen, alle Pflichten auf unsere Schultern zu nehmen.

Silber, Gold, Diamanten.

Die Ehe ist das schwerste Stück im Leben, aber auch das köstlichste. Es ist doch nichts zu vergleichen mit dem unbeschreiblichen Bewußtsein: wir zwei haben miteinander ausgehalten, Glück und Unglück, Freude und Leid redlich geteilt und haben auch unsere Fehler, eine schwere Last, einer vom andern getragen. Dadurch wird eine gegenseitige Sicherheit geschaffen, die wirklich den Abendfrieden des Lebens einleitet.

Es ist schon im gewöhnlichen Leben so, daß gemeinsam ertragene Leiden den festesten Kitt zwischen Menschen bilden. Jede Ehe ist eine schwere Last. Hat man sie aber ein Vierteljahrhundert gemeinsam getragen, so ist sie unentbehrlich, und das Schwere verklärt sich in goldenen Abendfrieden.

Der Anfang der Ehe geht durch Leidenschaft und Kampf, aber immer mehr klärt sich das Trübe, und die Liebe tritt immer klarer heraus.

Man hat recht getan, die Feier des halben Jahrhunderts die goldene Hochzeit zu nennen. Sie vergoldet das Leben mit dem ewigen Glanz der echten Liebe.

Das ist ungemein tröstlich, nicht nur für die Ehe, für den Menschen überhaupt. Der Mensch ist ein Wesen voller Schlacken, aber der Schmelzofen des heißen Lebens glüht Edelmetalle heraus in unvergänglicher Reinheit.

Es soll ja niemand glauben, der Mensch sei weiter nichts als ein armer, verlorener und verdammter Sünder. Wäre er nicht von Anfang an eine göttliche Majestät, es gäbe keine silbernen, goldenen und diamantenen Hochzeiten mit ihrer unvergänglichen Herrlichkeit gemeinsam getragener Lasten.

Wüßten junge Leute nur ein wenig von diesem Überreichtum hervorquellenden Glücks, sie würden sich vor Ehescheidungen hüten und die Zähne zusammenbeißen, und sich die Hände reichen, und sich ohne Altar und Standesamt nach jeder schweren Krise immer wieder geloben: wir halten zusammen aus. Das ist nämlich ein Naturgesetz: die Kraft wird immer größer und das Leid immer kleiner, wenn zwei miteinander dagegen anstehen.

Im Leben vergeht vieles: Jugend, Leibesstärke, Schönheit und Freundschaft. Aber alles das, was man hergeben muß, wird reichlich ersetzt durch den Reichtum einer durchgehaltenen Ehe.

Wer gar die Gnade erlebt, die goldene Hochzeit feiern zu dürfen, für den ist jeder weitere Tag ein Geschenk des Friedens und der Freude. Wenn dann der Tod abbricht, ist er so, wie er sein soll und auch will, der freundliche Übergang in noch höhere Verklärung.

Es gibt auf diesem Planeten Werte, die alle metallischen weit überbieten durch den Überreichtum, der im Grunde das wahre Eigentum des Menschen ist. Eine lange Ehe ist ein hervorragender Erweis dieser Herrlichkeit. Sie hängt nicht an Stand und Bildung. Armut oder Reichtum macht keinen Unterschied. Sie ist unabhängig von jeder Religion, und ihre Herrlichkeit steht jenseits von Gut und Böse.

Es kann auch nicht anders sein. Der Zustand des Menschen wie die Natur, wie Gott ihn will, muß vom Glanz der Wahrheit und Herrlichkeit überleuchtet sein. Mag sein, daß das Leid die Erscheinung ist, der Untergrund ist Herrlichkeit. Jede Ehe geht durch viel Leid hindurch. Im Maße, als sie es tut, gewinnt sie Spuren der Herrlichkeit. Könnten wir noch weiter das Dasein des Menschen überblicken, wer weiß, was für leuchtende Höhen unserem staunenden Auge sich offenbaren, Berge, von denen uns Hilfe kommt.

Wollte man die Eheleute an ihren Ehrentagen loben, so würden viele verwundert fragen: weshalb rühmt ihr uns eigentlich so? Wir folgten nur dem, was für uns das Liebste war. Arbeit und Mühe war's nur wenig. Es war eine Last, aber eine solche, die stets leichter wurde.

Eine lange Ehe offenbart die Wahrheit des Menschen. Sie ist eine Kette von Verzeihen. Und das Verzeihen ist gar nicht schwer. Die Mangelhaftigkeit des Menschen, wie er ist, ist gar keine Ursache, ihn nicht zu lieben, im Gegenteil, sie ist der stete Anlaß, ihn um so inniger zu pflegen und lieb zu behalten.

Das ist auch eine Herrlichkeit der langen Ehe, daß in ihr immer mehr die Sinnlichkeit untergeht und das Geisteswesen hervordrängt. Die Ehen werden verklärt und in ihnen die Menschen. Nicht weil das Sinnliche unterdrückt wurde. Das soll es gar nicht, denn es ist auch heilig. Aber es wurde überwachsen von noch höheren Werten.

Offenbar ist's dem Menschen im allgemeinen gut, wenn er alle Stufen des sinnlichen Seins durchläuft. Das ganze jetzige Leben ist eine Kette von Ereignissen, die eingebettet sind in sinnliche Zustände. Aber der Mensch hat die Aufgabe, nirgends hängen zu bleiben und hindurch zu schreiten zu unendlicher Klarheit. Lange Ehen tragen etwas von diesem Glanz der Verklärung. Das ist ihre eigentliche Schönheit. Jede Ehe ist grundanders, als die Verlobten sich vorstellen. Wo sie Herrlichkeit vermuteten, da bleibt sie aus, und wo ihr Glanz zu erbleichen schien, da stellt er sich ein. Schöner als jemand ihn erwarten konnte. Wer das Leben nach seinen Anschauungen modeln will, den wird es zerscheitern, wer aber seine Gedanken nach seinem Erleben umformen kann, den wird es erhöhen.

Ein Märchenland ist die Erde und die Menschenwelt. Immer das Unerwartete wird Ereignis. Wer nicht mit dem Märchensinn ausziehen kann, der verliert die Wirklichkeit. Der Sinn für die Wirklichkeit ist der Sinn für das Unerwartete.

Darum werden so viele vor der Zeit zerdrückt. Das Leben soll so sein, wie sie denken. Das Grundandere konnten sie nicht ertragen und streckten ihre Waffen vor der rauhen Wirklichkeit. Man sagt, Krankheiten zerstörten die Ehen. Das ist geradeso, wie die Bauern sagen, viele Menschen sterben an der Wassersucht. Die Wassersucht ist die letzte Folge vieler Störungen im Körper. So ist die Krankheit vielfach die Wirkung innerer Unbeweglichkeit.

Es war eine Frau, die starb buchstäblich an Eifersucht. Da sagte eine andere, die das sah: Und ich werde leben bleiben aus Eifersucht.

Die Lebensdauer wird in der Regel nicht nach irgendwelchen himmlischen Büchern bestimmt, sondern in den meisten Fällen auf der Erde entschieden. Menschen, die eine lange Ehe durchzuhalten vermögen, haben mehr Lebenswerte geschaffen als viele ahnen. Darum umgibt sie mit Recht der Glanz von Silber, Gold und Diamanten. Aber Silber, Gold und Diamanten sind nur die vergänglichen Sinnbilder, deren Wirklichkeit oft genug fehlt, und wenn sie da ist, vergänglich ist. Dieser Glanz ist unvergänglich.

Es ist von vornherein klar, daß zu Silber, Gold und Diamanten nur solche gelangen können, die die beiden Grundfragen der Ehe richtig gestellt hatten, gleichviel ob sie's bewußt oder unbewußt taten. Die andern werden's schwerlich so hoch hinauf bringen, denn die Ehe bedarf fester Grundpfeiler, wenn sie halten soll.

*

Das Allerschönste ist natürlich, wenn erwachsene Kinder das Silberpaar schmücken dürfen. Nicht allen ist's vergönnt, nicht allen ist's erfreulich. Besser ist's schon, du hast's gar nicht als unerfreulich.

Waren die Kinder im ersten Vierteljahrhundert die Hauptarbeit des Lebens, der die größte Sorge galt, so werden sie in der Regel später die Hauptfreude. Wer sich vorher immer um sie gemüht, dabei aber stets auf sie als Eigentum verzichtet hat, der wird sie dann in der Regel gewinnen, je freier er sie ins Leben gehen ließ. Wer sie zu ketten suchte, wird sie in der Regel verlieren, am sichersten, wenn die Alten auf Reichtum hocken, den sie geizig den Kindern vorenthalten.

Es ist ganz gewiß schwer, von Kindern abhängig zu werden. Niemand sollte sich freiwillig in diese Abhängigkeit begeben. Aber noch viel schwerer ist's, wenn man Kinder so stellt, daß sie auf das Ableben der Eltern als auf eine Erlösung warten müssen. Wer das fertig bekommt, dem helfen auch Silber, Gold und Diamanten nicht viel. Dann ist's ungleich besser, keine Kinder zu haben, die eine Silberhochzeit ausrichten.

Die Kinder der Silberpaare sind in der Regel selbst Eltern oder werden's, je mehr es der goldenen Hochzeit zugeht. Dann lernen sie erst den Elternwert richtig einschätzen.

Alte Eltern sind eine Macht um werdende Familien, die unschätzbar ist, deren Verlust schier unerträglich scheint. Das Alter macht milde, zur selbständigen Kindererziehung immer untauglicher. Aber dem zweiten Geschlecht die Strenge des ersten ein wenig mildern zu helfen, sind alte Eltern unschätzbar. Kinder bedürfen Strenge und Milde zugleich. Die Alten sollten sich ja nicht in die

Erziehung der Enkel einmischen, sollen womöglich gar nicht im Hause mitleben. Aber wenn sie der erreichbare Zufluchtsort sind, an dem Enkel sich ausweinen und wieder sich selbst finden können, sind sie unersetzlich.

Und merkwürdig: es ist ein eigenes Naturspiel, daß die Enkel getreuer das Bild der Vorfahren wiedergeben als die Kinder. Jedes zweite Geschlecht kommt erst zur rechten Würdigung der Vorfahren. So ist's in den Familien, so in der Menschheit.

Die Kinder gehen andere Wege, denn sie sind der Fortschritt der Menschen. Die Enkel mildern den jähen Fortschritt, indem sie sich der Weisheit der Alten anschließen und Altes und Neues verbinden lernen.

Wer Kindeskinder sehen darf, ist gesegnet. Es wenden sich die Herzen der Väter zu den Kindern und der Kinder zu den Vätern.

So ist's echt menschlich.

Folglich ist's ein Kennzeichen des Reiches Gottes.

*

Mit einem Wunsche soll das Büchlein von der Ehe schließen: Möchten viele seiner Leser Silber, Gold und Diamanten in ihrer Ehe erleben. Das ist das Glück des Lebens und der Ehe. Aber die Welt kennt kein Glück, wenn es nicht hart erarbeitet ist. Ehe ist eine schwere Arbeit, vielleicht die schwerste. *Darum ist sie so köstlich.*

Über tredition

Eigenes Buch veröffentlichen

tredition wurde 2006 in Hamburg gegründet und hat seither mehrere tausend Buchtitel veröffentlicht. Autoren veröffentlichen in wenigen leichten Schritten gedruckte Bücher, e-Books und audio-Books. tredition hat das Ziel, die beste und fairste Veröffentlichungsmöglichkeit für Autoren zu bieten.

tredition wurde mit der Erkenntnis gegründet, dass nur etwa jedes 200. bei Verlagen eingereichte Manuskript veröffentlicht wird. Dabei hat jedes Buch seinen Markt, also seine Leser. tredition sorgt dafür, dass für jedes Buch die Leserschaft auch erreicht wird.

Im einzigartigen Literatur-Netzwerk von tredition bieten zahlreiche Literatur-Partner (das sind Lektoren, Übersetzer, Hörbuchsprecher und Illustratoren) ihre Dienstleistung an, um Manuskripte zu verbessern oder die Vielfalt zu erhöhen. Autoren vereinbaren direkt mit den Literatur-Partnern die Konditionen ihrer Zusammenarbeit und partizipieren gemeinsam am Erfolg des Buches.

Das gesamte Verlagsprogramm von tredition ist bei allen stationären Buchhandlungen und Online-Buchhändlern wie z. B. Amazon erhältlich. e-Books stehen bei den führenden Online-Portalen (z. B. iBookstore von Apple oder Kindle von Amazon) zum Verkauf.

Einfach leicht ein Buch veröffentlichen: **www.tredition.de**

Eigene Buchreihe oder eigenen Verlag gründen

Seit 2009 bietet tredition sein Verlagskonzept auch als sogenanntes "White-Label" an. Das bedeutet, dass andere Unternehmen, Institutionen und Personen risikofrei und unkompliziert selbst zum Herausgeber von Büchern und Buchreihen unter eigener Marke werden können. tredition übernimmt dabei das komplette Herstellungs- und Distributionsrisiko.

Zahlreiche Zeitschriften-, Zeitungs- und Buchverlage, Universitäten, Forschungseinrichtungen u.v.m. nutzen diese Dienstleistung von tredition, um unter eigener Marke ohne Risiko Bücher zu verlegen.

Alle Informationen im Internet: **www.tredition.de/fuer-verlage**

tredition wurde mit mehreren Innovationspreisen ausgezeichnet, u. a. mit dem Webfuture Award und dem Innovationspreis der Buch Digitale.

tredition ist Mitglied im Börsenverein des Deutschen Buchhandels.

Dieses Werk elektronisch lesen

Dieses Werk ist Teil der Gutenberg-DE Edition DVD. Diese enthält das komplette Archiv des Projekt Gutenberg-DE. Die DVD ist im Internet erhältlich auf **http://gutenbergshop.abc.de**